Dr. Oetker

Sparkochbuch

Dr. Oetker

Sparkochbuch

Dr. Oetker Verlag

200 g
Stresemannstr. 48
SPEISEKARTOFFELN 1,89
FIRENZE SPAGHETTI 0,39
KOCHSCHINKEN. 1,29
SUPPENKRAUT 0,79
BUNDMÖHREN 0,99
LAUCHZWIEBELN 0,39
BOCKWUERSTCH 0,95
SPEISEQUARK 0,45
WERDER KETCHUP 0,99
EIER 10 STÜCK KL.L/ 0,99
STRAUCHTOMATEN 0,79
9,91
GESAMT 9,91
GESAMT 50,00
ERHALTEN:

Vorwort

Preiswert und lecker, einfach und gut – das sind die Anforderungen an die Rezepte in diesem Buch.

Beliebte Klassiker und zeitgemäße Abwechslung – das heißt Kartoffelsuppe mit Wiener Würstchen und Fischröllchen auf Möhrengemüse aber auch Hackbraten mit Kartoffelgratin und fruchtiger Wackelpeter.

Ofenfrische Fladenbrot-Pizza oder vorbereiteter Spaghetti-Salat – selbst zubereitete Sparrezepte sind keine Frage der Zeit, sondern der optimalen Vorbereitung.

Zusätzlich gibt es Genießer-Spar-Menü-Vorschläge für die Familienfeier, das Picknick und das Super-Spar-Menü zum Monatsende für etwa 7,- € für vier.

Praktische Tipps, Empfehlungen für Beilagen und Rezeptvarianten erleichtern Ihnen die Zubereitung der Rezepte und sorgen für Vielfalt. Allgemeine Hinweise zum Buch, zum vorausschauenden Kochen und zur Vorratshaltung geben wir Ihnen im Ratgeber.

Alle Rezepte wurden von uns nachgekocht und sind so beschrieben, dass sie Ihnen garantiert gelingen.

Kapitelübersicht

Gut geplant ist halb gekocht

Ratgeber

Seite 8–15

Köstliches zum Auslöffeln

Suppen und Eintöpfe

Seite 16–33

Frisch zubereitet oder gut durchgezogen

Salate

Seite 34–51

Pikantes für den kleinen Hunger

Snacks und Kleinigkeiten

Seite 52–69

Heißer Genuss aus dem Backofen

Aufläufe und Gratins

Seite 70–85

Leckere Nebensachen

Kartoffel-, Reis- und Nudelbeilagen

Seite 86–97

Querbeet genießen

Vegetarische Gerichte

Seite 98–111

Genuss, der aus der Tiefe kommt

Fischgerichte

Seite 112–123

Ein Stück Familienküche

Fleisch in Bestform

Seite 124–143

Die Verführung zum Schluss

Süße Mahlzeiten und Desserts

Seite 144–153

Ratgeber

Gut planen – entspannt genießen

„Essen hält Leib und Seele zusammen". Essen gibt Energie und hält gesund – wenn es das Richtige ist. Vor allem aber: Essen muss schmecken. Und am besten schmeckt es, wenn es gut zubereitet, abwechslungsreich und immer wieder ein bisschen neu ist. Dass das nicht eine Frage des Budgets ist, das möchten wir mit diesem Buch zeigen. Alles, was Sie jetzt brauchen, ist Zettel und Bleistift – denn eine Genusswoche beginnt mit guter Planung.

Einkaufen für die Genusswoche

- Stellen Sie einen Speiseplan für die ganze Woche auf – für jeden Tag ein Gericht, das allen gut schmeckt. Behalten Sie dabei Ihre Vorräte im Blick, vor allem die, die bald aufgebraucht werden müssen.
- Schreiben Sie auf, was Sie dafür alles brauchen. Setzen Sie Zutaten, die Ihnen während der Woche ausgehen könnten, gleich mit auf die Einkaufsliste.
- Entscheiden Sie, wann Sie einkaufen wollen. Am besten ist es, für 4 Tage (z. B. Montag bis Donnerstag) und für 3 Tage (z. B. Freitag bis Sonntag) zu planen, denn dann können Sie die Frischprodukte, wie Milch, Obst und Gemüse, 2-mal wöchentlich wirklich frisch einkaufen.
- Wenn Sie vor Ihrer Planung einen Blick auf Handzettel und Werbeprospekte „Ihrer" Supermärkte werfen, finden Sie sicher das eine oder andere günstige Angebot, das genau zu Ihrem Speiseplan passt.

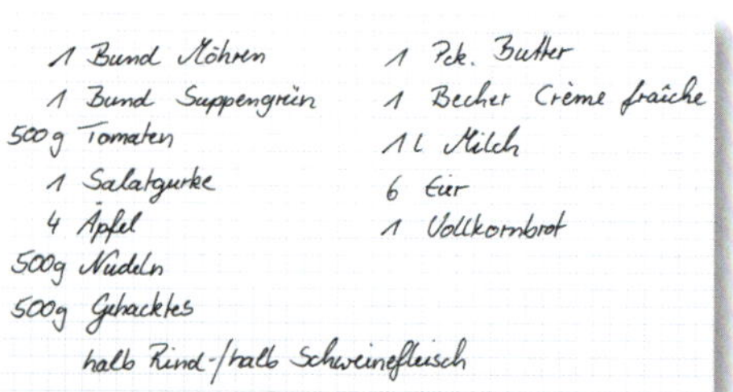

Immer alles im Haus? So geht es

Keine Brühe für das Gemüse und keine Bohnen für den Bohneneintopf – damit Ihnen das nicht passiert, planen Sie mit „Weitblick".
Bewährt hat sich folgendes „Einkaufsschema":

1 x im Monat	Großeinkauf von Konserven und Dosen, TK-Produkten, Getränken, Nährmitteln (z. B. Reis, getrocknete Nudeln, Mehl), Hülsenfrüchten, Gewürzen
2 x in der Woche	Frischeeinkauf (z. B. Gemüse, Obst, Molkereiprodukte, Fleisch, Wurst, frische Nudeln)

Tipps für das Portemonnaie

- Kaufen Sie nur das, was auf dem Einkaufszettel steht.
- Vermeiden Sie lange Einkaufswege mit dem Auto bzw. kalkulieren Sie die Fahrtkosten mit ein. Für ein bestimmtes Sonderangebot lohnt sich ein weiter Weg nur selten.
- Preise vergleichen lohnt sich! Denn oft gibt es das gleiche Produkt von einem anderen Hersteller deutlich günstiger. Achten Sie auch auf die Packungsgröße: Ist der Grundpreis je 100 Gramm bei einer Großpackung wirklich niedriger als bei der kleinen? Und vor allem: Brauchen Sie die Großpackung wirklich auf?
- Hungrig sollten Sie nie einkaufen. Denn wer Hunger hat, wird verführbar, und die Gefahr ist groß, dass Zusätzliches gekauft wird.
- Wenn man sich strikt an sein Budget halten will, ist es einfacher, den Einkauf ohne Kinder zu machen. Nur so erliegt man nicht der Versuchung, Sonderwünsche der kleinen Naschkatzen zu erfüllen. Aber nicht immer ist das möglich. Ein kleiner Trick ist dann erlaubt: Planen Sie die Lieblingsspeise Ihrer Kinder für den Einkaufstag ein, und lassen Sie sie im Supermarkt die Zutaten dafür zusammentragen.

So richtig frisch

1. Tipps für den Obst- und Gemüsekauf

Wenn Obst und Gemüse schön frisch sein soll, kaufen Sie das, was bei uns Saison hat. Bei regionalen Produkten entfallen lange Transportwege, und die Ware ist meist nicht nur frischer, sondern auch preiswerter.

Und in der kalten Jahreszeit? Hier bringen TK-Produkte „vitamingeschonte" Vielfalt auf den Tisch und das zu günstigen Preisen.

2. Tipps für den Kauf von Fleisch und Wurstwaren

Gute Fleischqualität von außen zu erkennen, ist nicht ganz einfach. Kaufen Sie keine Fleisch- und Wurstwaren, die angetrocknet und grau aussehen.

Frisches Fleisch riecht frisch! Sobald Ihre Nase bei frisch gekaufter Ware etwas zu beanstanden hat, ist es das Beste, Sie bringen sie zurück.

Abgepacktes Fleisch sollten Sie nur kaufen, wenn keine blutige Flüssigkeit in der Verpackungsschale steht.

3. Tipps für den Kauf von Fisch

Ob ganze Fische frisch sind, erkennen Sie an ihren Augen: Sie sind klar und prall, und die Linsen sind nach außen gewölbt; die Kiemen sind leuchtend rot und die Schuppen fest.

Fischfiletstücke sind frisch, wenn sie glatt und glänzend aussehen.

Frischer Fisch und aufgetauter TK-Fisch riecht nicht (unangenehm) „fischig", sondern bestenfalls (unauffällig) nach Meer.

4. Tipps für den Kauf von Milch und Milcherzeugnissen

Milch, Joghurt, Frischkäse und andere Milchprodukte gehören zu den Waren, die besonders schnell verderben – da schützt nur einer genauer Blick aufs Haltbarkeitsdatum vor unangenehmen Überraschungen.

Zusatztipps: Kühlen und Tiefkühlen

- Frische Lebensmittel, die gekühlt werden müssen (z. B. Fleisch, Wurst, Fisch, Frischmilch usw.), transportieren Sie nach dem Einkauf in Kühltaschen nach Hause.
- Für TK-Produkte ist eine ununterbrochene Kühlung notwendig. Nutzen Sie zusätzlich Kühlakkus, um Ihren Einkauf sicher nach Hause zu bringen.
- Lebensmittel, die nur gekühlt bzw. tiefgekühlt haltbar sind, sortieren Sie sofort nach dem Einkauf in den Kühlschrank bzw. die Gefriertruhe.
- Frische, unverpackte Wurstwaren oder Käse von der Wurst- bzw. Käsetheke bewahren Sie am besten in dicht schließenden Frischhalteboxen im Kühlschrank auf.

Macht Vorrat noch Sinn?

Ja! Auch wenn die Vorratshaltung heutzutage nicht mehr die gleiche Bedeutung hat wie zu Großmutters Zeiten. Meist fehlt der Platz. Es gibt kaum noch Vorratskammern oder Keller, in denen sich Lebensmittel über einen längeren Zeitraum optimal lagern lassen.
Aber eine „eiserne Reserve" schützt Sie vor preisintensiven „Spontaneinkäufen".
Und wenn einmal überraschend Gäste in der Tür stehen, haben Sie immer etwas zur Hand, aus dem Sie das eine oder andere leckere Gericht zubereiten können.

Vorschläge für den Vorratsschrank

- Nährmittel (z. B. Teigwaren, Mehl, Reis), getrocknete Hülsenfrüchte, Backzutaten wie Backpulver, Trockenbackhefe, aber auch Salz, Zucker, Speisestärke, Pudding- und Dessertsaucen-Pulver.
- Dosen und Konserven (z. B. passierte und/oder geschälte Tomaten, saure Gurken, Bohnen, Erbsen und Möhren, Sauerkraut) aber auch 1–2 Obstkonserven (z. B. Pfirsiche, Mandarinen, Ananas) und Konfitüre.
- Senf, Ketchup, Tomatenmark, Konfitüre, Instant-Brühe (z. B. Gemüse- oder Fleischbrühe), Speiseöl, H-Milch.

Tipps: Füllen Sie den Inhalt angebrochener Packungen in dicht schließende Vorratsbehälter z. B. aus Kunststoff oder Glas. Versehen mit einem Etikett, auf dem Sie Inhalt, Tag der Umfüllung und Haltbarkeitsdatum verzeichnet haben, sind Sie immer auf der sicheren Seite.

Vorschläge für den ungekühlten „Frische-Vorrat"

- Kartoffeln, Zwiebeln, evtl. Knoblauch
- etwas Obst wie Äpfel, Kiwis oder Bananen und Gemüse wie Salatgurke, Tomaten, Möhren oder Kohlrabi, je nach persönlicher Vorliebe
- Zitronen

Vorschläge für den TK-Vorrat

- Fisch, z. B. Seelachsfilet oder Fischstäbchen
- evtl. Brot oder Brötchen
- Gemüse oder Gemüsemischungen, z. B. Erbsen, Spinat, grüne Bohnen
- Pommes frites oder Kroketten oder Kartoffelpuffer oder Kartoffel-Wedges
- TK-Kräuter, z. B. gemischte Kräuter oder Petersilie oder Schnittlauch

Hinweis

Wo auch immer Sie Ihre Vorräte lagern – im Küchenschrank, im Keller oder in der Speisekammer: Überprüfen Sie regelmäßig das Mindesthaltbarkeitsdatum. Hat sich irgendwo Schimmel gebildet oder unangenehmer Geruch breit gemacht? Dann hilft alles nichts: Entsorgen Sie überlagerte und verdorbene Lebensmittel! Das trifft auch auf Konserven zu, deren Deckel bzw. Böden sich nach außen wölben: Nicht öffnen, sondern weg damit!

Neu gekaufte Vorrats-Lebensmittel stellen Sie immer gleich hinter die „älteren" Vorräte, damit diese zuerst verbraucht werden.

Vorschläge für den „Kühlschrank-Vorrat"

- Eier
- Butter und Margarine
- Quark oder Joghurt
- Frischmilch
- Crème fraîche oder saure Sahne, Schlagsahne
- Käse

Lagerung im Kühlschrank

Ganz oben können Käse und eventuelle Speisereste (in verschlossenen Vorratsbehältern) gelagert werden.

Darunter fühlen sich Milchprodukte, wie z. B. Quark und Joghurt wohl.

In die Kühlschranktür kommen Butter, Margarine, Eier, offene Konfitüre und meist auch Getränke.

Auf der Glasplatte ist die kälteste Zone, da kommen Fleisch, Wurstwaren und Fisch hin.

Obst und Gemüse kommen nach unten ins Gemüsefach.

Ein Kühlschrank für alles?

Nein. Einige Lebensmittel gehören nicht in den Kühlschrank, z. B. Brot, Kartoffeln, Bananen und Speiseöl.

Ein Kühlschrank schützt auch nicht davor, dass Gerüche übertragen werden. Damit der Fruchtjoghurt nicht nach Käse schmeckt, verpacken Sie die Lebensmittel getrennt voneinander. Auf diese Weise vermeiden Sie auch, dass gegarte Speisen mit rohen in Berührung kommen.

Küchenspartipps

- Wenn Lebensmittel im Angebot sind, die gern und oft bei Ihnen gegessen werden, machen Sie sich das zunutze: Tomaten z. B. kann man zu einem leckeren Tomatensaucen-Vorrat verarbeiten. Portionsweise in gefriergeeigneten Behältern eingefroren, lässt sich die Sauce bei Bedarf rasch auftauen und z. B. mit angebratenem Hackfleisch schnell zu einer Nudelsauce verarbeiten.

- Ist vom Essen etwas übrig geblieben, die Reste schnell abkühlen lassen und ab in den Kühlschrank damit. Am anderen Tag wieder aufgewärmte Speisen schmecken oft besonders lecker. Mit Reis oder Nudeln und anderen passenden Zutaten wird daraus schnell ein neues Essen „gezaubert".

- Brot oder Brötchen sind trocken und hart geworden? Nicht gleich wegwerfen! Rösten Sie Croûtons daraus – viele Suppen oder Salate erhalten so den richtigen Pfiff. Auch Frikadellen oder Hackbraten werden lockerer, wenn Sie zu Semmelbröseln geriebenes, trockenes Brot darunter mischen.
- Käsereste werden leicht trocken und sind dann als Brotauflage nicht wirklich lecker. Gerieben oder klein geschnitten eignen sie sich noch zum Überbacken einfacher Gerichte.
- Die Wurst ist zwar noch gut, aber schon ziemlich unansehnlich? Braten Sie sie zusammen mit Kartoffelscheiben und klein gewürfelten Zwiebeln in der Pfanne an. Schon haben Sie im Handumdrehen eine deftige Bratkartoffel-Mahlzeit! Alternativ: Einfach Eier zur angebratenen Wurst in die Pfanne schlagen und dazubraten. Das Ganze mit frischem Brot und Salat servieren.

Energiesparend kochen

- Kochen Sie möglichst nicht ohne Deckel – das verlängert nicht nur die Garzeit, sondern kostet auch Geld! Töpfe mit gut schließenden Deckeln sind ideal, um die Wärme im Topf optimal zu nutzen. Gut geeignet sind Glasdeckel, sodass man sieht, was im Topf vor sich geht. So brauchen Sie den Deckel nicht so oft abzunehmen, und schon haben Sie wieder Energie gespart.

- Kochen Sie im richtigen Topf – nicht zu groß und nicht zu klein – und auf der richtigen Plattengröße. Faustregel: Der Topfboden sollte der Plattengröße vom Herd entsprechen. Ein kleiner Topf auf einer größeren Kochstelle verbraucht unnötig Energie und Wärme geht verloren. Aber auch ein zu großer Topf auf einer kleinen Kochstelle ist nicht optimal. Der Vorgang des Ankochens dauert zu lang, da keine schnelle Wärmeübertragung erfolgen kann.
- Schalten Sie die Kochstelle erst ein, wenn der Topf mit dem Kochgut daraufsteht.
- Lassen Sie sich die Restwärme der Kochplatten bei Elektroherden und im Backofen nicht entgehen! Fast immer können Backofen oder Kochstelle schon 5 Minuten früher ausgeschaltet werden, ohne dass das Ergebnis darunter leidet.

Küchenmanagement

Werkzeug: Ein gutes Messerset, eine Reibe mit verschiedenen Einsätzen und 2–3 rutschfeste Schneidbretter erleichtern die Küchenarbeit. Es kommt nicht darauf an, viel Küchenwerkzeug zu haben, sondern qualitativ hochwertiges Material – es vereinfacht nicht nur die Küchenarbeit, da es besser funktioniert, länger hält und nicht so schnell ersetzt werden muss.

An Morgen denken: Kartoffeln können Sie gleich für 2 Tage kochen. Wenn es sie am ersten Tag als Salzkartoffeln gibt, dann können sie am nächsten Tag als Bratkartoffeln oder Kartoffelsalat auf den Tisch kommen.

Auch Reis und Nudeln müssen nicht jedes Mal „frisch" gekocht werden. Entsprechend Ihrer Wochenplanung können Sie sie auch gleich in größeren Portionen vorkochen.
Bohnen können an einem Tag als Gemüsebeilage dienen, Reste im Eintopf landen oder zu einem leckeren Bohnensalat verarbeitet werden.
TK-Produkte wie Fisch oder Fleisch, die aufgetaut verwendet werden, legen Sie bereits am Vortag in den Kühlschrank, so tauen sie schonend auf.

Schnell aufgepeppt: Auf der Fensterbank, dem Balkon oder der Terrasse ist noch ein Plätzchen frei? Ideal, um *Kräuter* selbst zu ziehen! Jetzt haben Sie immer Kräuter auf Vorrat und ihre Gerichte bekommen einen „frischen" Geschmack und sehen appetitlich aus.

Wenn Sie frische Kräuter im Bund kaufen, dann stellen Sie die Kräuterstängel, die Sie im Moment nicht brauchen, in ein Glas mit Wasser. So bleiben auch diese noch einige Tage frisch.
Getrocknete *Gewürze* dagegen sollten kühl und trocken aufbewahrt werden und möglichst nicht in der Nähe des Herdes (z. B. in einem Gewürzregal darüber). Hier verklumpen sie schnell und verderben.

Allgemeine Hinweise zum Buch

„Heute koche ich etwas Leckeres!" Da möchte man gleich die Ärmel hochkrempeln und den Kochlöffel schwingen. Bevor Sie damit beginnen, möchten wir Ihnen einige Tipps und Anmerkungen mit auf den Weg geben.
Die Kosten pro Portion ergeben sich aus Durchschnittspreisen, die wir von Discountern und Supermärkten ermittelt haben. Sie können je nach Saison und aktueller Marktlage schwanken. Auch die Kostenangaben in den Rezeptvarianten beinhalten die Gesamtkosten pro Portion.

Nichts vergessen? Die Vorbereitung

Lesen Sie vor der Zubereitung – am besten noch vor dem Einkaufen – das Rezept einmal ganz durch. So wird nichts vergessen und Arbeitsabläufe werden klarer.

Ein Blick auf die Uhr: Die Zubereitungszeit

Bei jedem Rezept finden Sie die Zubereitungszeit. Sie ist ein Orientierungswert und abhängig von Ihrer Kocherfahrung. Längere Wartezeiten wie z. B. Kühl- oder Abkühlzeiten, Auftau- und Durchziehzeiten, sind darin nicht enthalten.

Alles gar? Die Gartemperatur und Garzeit

Die meisten Backöfen unterscheiden sich etwas in ihrer individuellen Hitzeleistung. Aus diesem Grund sind die in den Rezepten angegebenen Gartemperaturen und Garzeiten Richtwerte, die über- oder unterschritten werden können. Die Temperaturangaben in diesem Buch beziehen sich auf Elektrobacköfen. Wenn Sie mit einem Gasbackofen arbeiten, orientieren Sie sich an der Gebrauchsanleitung des Herstellers. Ein Backofenthermometer, das es für wenig Geld im Haushaltswarengeschäft gibt, hilft die Backofentemperatur im Blick zu haben.

Was steckt drin? Die Nährwerte

Wie viele Nährwerte ein Gericht enthält, ist bei den Rezepten ausgewiesen. Die Angaben beziehen sich entweder auf die in den Rezepten angegebenen Portionen oder Stückzahlen.

Kurz und knapp: Die Abkürzungen und Symbole

EL	= Esslöffel
TL	= Teelöffel
Msp.	= Messerspitze
Pck.	= Packung/Päckchen
g	= Gramm
kg	= Kilogramm
ml	= Milliliter
l	= Liter
evtl.	= eventuell
geh.	= gehäuft
gestr.	= gestrichen
TK	= Tiefkühlprodukt
°C	= Grad Celsius
Ø	= Durchmesser
E	= Eiweiß
F	= Fett
Kh	= Kohlenhydrate
kJ	= Kilojoule
kcal	= Kilokalorien
BE	= Broteinheiten

 = Tipp zum Rezept

 = empfohlene Beilage

 = Rezeptvariante

Einfach

Tomatensuppe

1½ kg Fleischtomaten • 2 Zwiebeln • 2 Knoblauchzehen • 2 EL Speiseöl, z. B. Olivenöl • 500 ml (½ l) Gemüsebühe • 1 Prise Zucker • Salz • frisch gemahlener Pfeffer • Cayennepfeffer • 1 Lorbeerblatt • getrockneter, gerebelter Oregano • einige Basilikumblättchen

Zubereitungszeit: 30 Minuten • Garzeit: etwa 15 Minuten

4 Portionen • Pro Portion: E: 5 g, F: 6 g, Kh: 13 g, kJ: 535, kcal: 126, BE: 0,0

1 Tomaten abspülen, abtropfen lassen, vierteln und die Stängelansätze herausschneiden. Tomaten würfeln. Zwiebeln und Knoblauchzehen abziehen und fein würfeln.

2 Öl in einem Topf erhitzen. Zwiebel- und Knoblauchwürfel darin unter Rühren dünsten. Tomatenwürfel, Brühe, Zucker, Salz, Pfeffer, Cayennepfeffer, Lorbeerblatt und Oregano hinzufügen, zum Kochen bringen und zugedeckt etwa 15 Minuten bei schwacher Hitze kochen lassen.

3 Das Lorbeerblatt herausnehmen. Die Suppe pürieren und durch ein Sieb streichen. Die Suppe nochmals kurz aufkochen und mit den Gewürzen abschmecken. Basilikumblättchen abspülen und trocken tupfen. Die Suppe mit Basilikumblättchen bestreut servieren.

Wenn es zum Monatsende besonders sparsam sein soll, können Sie anstelle von frischen Tomaten auch je 1 große und kleine Dose (800 g und 400 g) geschälte Tomaten verwenden (Pro Portion: etwa 0,45 €). Servieren Sie die Suppe mit einigen Tropfen Olivenöl beträufelt und mit gerösteten Tomaten-Baguette-Scheiben. Dazu 8 dünne Baguettescheiben in 2 Esslöffeln Olivenöl rösten. Darauf 4 fein gewürfelte Tomaten verteilen, mit Salz und Pfeffer bestreuen (Pro Portion: etwa 1,30 €).

Für Tomatensuppe mit Mozzarella-Klößchen (Pro Portion: etwa 1,65 €) 250 g Mozzarella abtropfen lassen, grob zerkleinern und pürieren. 1 Topf Basilikum abspülen, trocken tupfen und die Blättchen von den Stängeln zupfen. Blättchen hacken, unter die Mozzarella-Masse kneten, salzen und pfeffern. Aus der Mozzarella-Masse 18–24 Klößchen formen, in Suppentellern verteilen und die Suppe daraufgeben.

Pro Portion etwa
1,10 €

Zum Vorbereiten

Pro Portion etwa 1,15 €

Rindfleischbrühe

1 kg Rindfleisch (z. B. Bug, Querrippe, Beinfleisch) möglichst mit Knochen oder zusätzlich 1–2 Markknochen • 2–3 l kaltes Wasser • 1 EL Salz • 1 Bund Suppengrün (Möhre, Porree, Sellerie) • 2 mittelgroße Zwiebeln • 1 TL Pfefferkörner • 1 Lorbeerblatt

1 Rindfleisch und Knochen unter fließendem kalten Wasser abspülen und mit Wasser bedeckt in einen großen Topf geben. Das Ganze ohne Deckel zum Kochen bringen.

2 Den Schaum mit einer Schaumkelle abschöpfen. Salz in den Topf geben. Das Rindfleisch zugedeckt 2–2½ Stunden bei mittlerer Hitze kochen lassen.

3 In der Zwischenzeit Suppengrün putzen, schälen, abspülen und abtropfen lassen. Zwiebeln abziehen. Suppengrün und Zwiebeln etwas zerkleinern.

4 Nach etwa 1 Stunde Garzeit Suppengrün, Zwiebelstücke und Gewürze hinzufügen und mitkochen lassen.

5 Nach etwa 2½ Stunden Garzeit das Rindfleisch herausnehmen. Die Brühe durch ein feines Sieb gießen. Die Brühe mit Salz abschmecken.

6 Für eine fettarme Brühe die Brühe abkühlen lassen. Die Brühe dann mindestens 4 Stunden zugedeckt in den Kühlschrank stellen. Mit einem Löffel das kalte erstarrte Fett auf der Oberfläche der Brühe abheben.

Das gekochte Rindfleisch, welches Sie unter Punkt 5 aus der Brühe nehmen, kann vom Knochen gelöst, von Fett und Sehnen befreit und in kleine Stücke geschnitten, wieder als Einlage in die Brühe gegeben werden.

Für eine einfache Rindfleischbrühe mit Gemüseeinlage (3–4 Portionen, Pro Portion: etwa 1,35 €) ½ Bund Suppengrün putzen, abspülen, abtropfen lassen, in dünne Streifen schneiden und 10 Minuten in der Brühe garen. ½ Bund Petersilie abspülen, trocken tupfen, die Blätter abzupfen und hacken. Die Brühe damit bestreuen.

Zubereitungszeit: 30 Minuten, ohne Kühlzeit • Garzeit: 2–2 ½ Stunden
6–8 Portionen • Pro Portion: E: 20 g, F: 9 g, Kh: 3 g, kJ: 732, kcal: 175, BE: 0,0

Für Gäste – Foto

Käse-Porree-Suppe

3 Porreestangen (Lauch, etwa 700 g) • 3 EL Olivenöl • 750 g Gehacktes (halb Rind-, halb Schweinefleisch) • Salz • frisch gemahlener Pfeffer • 1 l Fleischbrühe • 1 Glas Champignons in Scheiben (Abtropfgewicht 470 g) • 200 g Sahne- oder Kräuterschmelzkäse

1 Porree putzen. Dunkles Grün (etwa ein Viertel der Stange) abschneiden. Porreestangen längs halbieren, gründlich waschen und abtropfen lassen. Porree in kleine Stücke schneiden.

2 Öl in einem großen Topf erhitzen. Gehacktes hinzufügen und anbraten. Dabei die Fleischklümpchen mit einem Pfannenwender oder Kochlöffel zerdrücken, mit Salz und Pfeffer würzen.

3 Porreestücke hinzufügen und kurz andünsten. Brühe hinzugießen und zum Kochen bringen. Das Ganze zugedeckt etwa 15 Minuten garen.

4 Champignonscheiben in einem Sieb abtropfen lassen und hinzufügen. Käse dazugeben und unter Rühren schmelzen lassen, dabei die Suppe nicht mehr kochen lassen. Die Suppe mit Salz und Pfeffer abschmecken.

Die Suppe kann gut vorbereitet und ohne Schmelzkäse eingefroren werden. Sie eignet sich gut als Partysuppe.

Zubereitungszeit: 30 Minuten • Garzeit: etwa 15 Minuten • 6 Portionen
Pro Portion: E: 32 g, F: 36 g, Kh: 5 g, kJ: 1943, kcal: 464, BE: 0,0

Küchenklassiker

Pro Portion etwa 1,55 €

Hühnerbrühe

1 Suppenhuhn (etwa 1,5 kg) • etwa 2½ l Wasser • 1 EL Salz • 1 Bund Suppengrün (Möhre, Porree, Sellerie) • 10 Pfefferkörner • 2 Lorbeerblätter • 1 Kräutersträußchen (3 Petersilienstängel, 2–3 Thymianstängel)

1 Suppenhuhn gründlich von innen und außen abspülen. Wenn nötig, Innereien entfernen.

2 Huhn in einen Topf legen, mit Wasser bedecken und ohne Deckel aufkochen lassen. Den Schaum, der entsteht, mit einer Schaumkelle abschöpfen. Salz in den Topf geben. Das Huhn zugedeckt 1½–2 Stunden köcheln lassen, wenn nötig, etwas kaltes Wasser nachgießen.

3 Das Suppengrün putzen, schälen, abspülen, abtropfen lassen und grob zerteilen. Zerkleinertes Suppengrün mit den Pfefferkörnern und Lorbeerblättern nach 1 Stunde Garzeit zugeben.

4 Etwa 15 Minuten vor Ende der Garzeit das Kräutersträußchen abspülen, abtropfen lassen, in den Topf geben und ziehen lassen. Dann die Brühe durch ein feines Sieb gießen.

5 Das Huhn enthäuten, das Fleisch von den Knochen lösen, klein schneiden und als Suppeneinlage verwenden.

Wenn Sie nicht die ganze Brühe auf einmal verarbeiten, dann frieren Sie die Brühe mit dem Fleisch ein und verarbeiten sie zu einem späteren Zeitpunkt weiter.

Für eine einfache Hühnerbrühe mit Reiseinlage (4 Portionen, Pro Portion: etwa 0,90 €) etwa 1 l der Hühnerbrühe zum Kochen bringen. 75 g Langkornreis hinzugeben, unterrühren und nach Packungsanleitung in etwa 20 Minuten gar kochen. Restliches Fleisch in Streifen schneiden und kurz miterhitzen. Die Brühe mit Salz und Pfeffer abschmecken, mit 1 Esslöffel gehackter Petersilie bestreut servieren.

Zubereitungszeit: 30 Minuten, ohne Kühlzeit • Garzeit: 1½–2 Stunden
6–8 Portionen (etwa 2 l) • Pro Portion: E: 34 g, F: 8 g, Kh: 0 g, kJ: 888, kcal: 212, BE: 0,0

Für eine Bunte Nudel-Hühner-Suppe (siehe Foto) etwa 1 l der Hühnerbrühe und das Fleisch der Hühnerbrust bereitstellen. 2–3 Möhren putzen, schälen, abspülen, abtropfen lassen und in dünne Scheiben schneiden. 1 Stange Porree (Lauch) putzen, längs halbieren, gründlich waschen und abtropfen lassen. Porree in dünne Streifen schneiden. Die Brühe zum Kochen bringen. Möhrenscheiben darin etwa 5 Minuten garen. Dann Porreestreifen und 200 g TK-Erbsen hinzufügen, alles weitere etwa 3 Minuten köcheln lassen. Fleisch in Scheiben schneiden, in die Suppe geben und miterhitzen. In der Zwischenzeit etwa 150 g Nudeln (z. B. Spirelli, Muschel- oder Hörnchennudeln) nach Packungsanleitung knapp gar kochen, in ein Sieb abgießen, kurz abspülen, abtropfen lassen und in die heiße Suppe geben. Die Suppe kurz umrühren, mit Salz und Pfeffer abschmecken und servieren.

Schmeckt auch aufgewärmt

Wirsingeintopf mit grünen Bohnen

½ Kopf Wirsingkohl (etwa 500 g) • 200 g grüne Bohnen • 600 g vorwiegend festkochende Kartoffeln • 400 g Kasselerfleisch, ohne Knochen • 1½ l Fleischbrühe • 2 EL Sonnenblumenöl • Salz • frisch gemahlener Pfeffer • geriebene Muskatnuss

Zubereitungszeit: 30 Minuten • Garzeit: 20–35 Minuten
4 Portionen • Pro Portion: E: 25 g, F: 14 g, Kh: 23 g, kJ: 1358, kcal: 324 BE: 2,0

1 Wirsing putzen und halbieren. Den Strunk herausschneiden, Wirsing abspülen, abtropfen lassen und in schmale Streifen schneiden. Von den Bohnen die Enden abschneiden. Bohnen evtl. abfädeln, abspülen, abtropfen lassen und in Stücke schneiden. Kartoffeln schälen, abspülen, abtropfen lassen und in Würfel schneiden.

2 Kasseler mit Küchenpapier trocken tupfen. Die Brühe in einem Topf erhitzen. Kasseler hinzugeben und etwa 10 Minuten zugedeckt in der Brühe garen.

3 Inzwischen Öl in einem zweiten Topf erhitzen. Wirsingstreifen und Bohnenstücke darin 5–8 Minuten unter gelegentlichem Rühren andünsten.

4 Das angedünstete Gemüse und Kartoffelwürfel zum Kasseler in den Topf geben, mit Salz und Pfeffer würzen. Den Eintopf zugedeckt 10–15 Minuten leicht köcheln lassen.

5 Kasseler aus dem Topf nehmen und etwas abkühlen lassen. Fleisch in kleine Würfel schneiden und wieder in den Eintopf geben, alles kurz erwärmen und mit Salz, Pfeffer und Muskat abschmecken.

Statt frischer Bohnen können Sie auch TK-Bohnen verwenden. Die angetauten, klein geschnittenen Bohnen brauchen nicht mit angedünstet werden. Sie können sie mit den Kartoffeln zugeben.

Wirsingtopf mit Mettenden (Pro Portion: etwa 1,05 €). Anstelle des Kasselers können Sie 4 Mettenden (Rauchenden) zum fast fertigen Eintopf geben. Den Eintopf dann wie im Rezept beschrieben, aber ohne Kasseler zubereiten. Mettenden in Scheiben schneiden, kurz vor dem Ende der Garzeit in den Eintopf geben und erwärmen. Anschließend den Eintopf abschmecken.

Pro Portion etwa
1,10 €

Beliebt bei allen

Kartoffelsuppe mit Wiener Würstchen

1 Bund Suppengrün (Möhre, Porree, Sellerie) • 750 g mehligkochende Kartoffeln • 2 EL Sonnenblumenöl • 1 l Gemüsebrühe • 1 Lorbeerblatt • 1 TL gerebelter Majoran • Salz • frisch gemahlener Pfeffer • 500 g Wiener Würstchen, aus dem Glas

Zubereitungszeit: 30 Minuten, ohne Kühlzeit • Garzeit: etwa 20 Minuten
4 Portionen • Pro Portion: E: 23 g, F: 40 g, Kh: 26 g, kJ: 2350, kcal: 561, BE: 2,0

1 Suppengrün putzen. Dazu Sellerie schälen. Möhre putzen und schälen. Sellerie und Möhre abspülen und abtropfen lassen. Porree putzen. Die Stange längs halbieren, gründlich waschen und abtropfen lassen. Vorbereitetes Suppengrün grob würfeln.

2 Kartoffeln schälen, abspülen, abtropfen lassen und in Stücke schneiden.

3 Öl in einem großen Topf erhitzen. Zuerst das vorbereitete Suppengrün darin unter Rühren andünsten, dann die Kartoffelstücke hinzufügen und kurz mitdünsten.

4 Brühe hinzugießen. Lorbeerblatt und Majoran hinzugeben. Das Ganze zum Kochen bringen. Die Suppe zugedeckt bei mittlerer Hitze etwa 20 Minuten kochen lassen, dabei gelegentlich umrühren. Evtl. etwas Gemüsebrühe nachgießen.

5 Das Lorbeerblatt entfernen. Die Suppe mit einem Kartoffelstampfer etwas zerdrücken oder etwa ein Viertel der Suppe in einen Rührbecher geben, pürieren und wieder unter die Suppe rühren.

6 Die Suppe mit Salz und Pfeffer abschmecken. Die Wiener Würstchen ganz oder in Scheiben geschnitten in der Suppe erhitzen.

Schmecken Sie die Kartoffelsuppe nach Belieben mit etwas Muskat ab und bestreuen Sie die Suppe mit gehackter Petersilie.

Pro Portion etwa **1,10 €**

Kalorienarmer Genuss

Curry-Linsen-Suppe

1 Zwiebel • 1 Knoblauchzehe • 30 g Butter • 1 EL Currypulver • ½ TL Paprikapulver edelsüß • ¼ TL gemahlener Kreuzkümmel (Cumin) • Salz • frisch gemahlener Pfeffer • 4 TL Tomatenmark • 750 ml (¾ l) Gemüsebrühe • 250 g getrocknete, gelbe oder rote Linsen • 3 EL Rosinen • ½ Bund glatte Petersilie

Zubereitungszeit: 20 Minuten • Garzeit: etwa 15 Minuten • 4 Portionen
Pro Portion: E: 19 g, F: 8 g, Kh: 44 g, kJ: 1360, kcal: 325, BE: 3,5

1 Zwiebel und Knoblauch abziehen und in kleine Würfel schneiden. Butter in einem Topf zerlassen. Zwiebel- und Knoblauchwürfel darin andünsten.

2 Curry, Paprika, Kreuzkümmel, Salz, Pfeffer und Tomatenmark hinzufügen, kurz mit andünsten. Brühe hinzugießen. Linsen unter Rühren einstreuen. Die Suppe zum Kochen bringen und zugedeckt 20–25 Minuten bei schwacher Hitze köcheln lassen, dabei gelegentlich umrühren.

3 In der Zwischenzeit Rosinen in ein Sieb geben, kalt abspülen und abtropfen lassen. Rosinen nach dem Ende der Garzeit hinzugeben und die Suppe mit Gewürzen und Salz abschmecken.

4 Petersilie abspülen und trocken tupfen. Die Blättchen von den Stängeln zupfen und grob hacken. Die Suppe mit Petersilie bestreut servieren.

Sie können auch die klassischen braunen Tellerlinsen verwenden. Die Garzeit beträgt dann etwa 30 Minuten.

Beliebter Klassiker

Linsensuppe

1½ l Fleisch- oder Gemüsebrühe • 250 g getrocknete Tellerlinsen • 500 g Kartoffeln • 1 Bund Suppengrün (Möhre, Porree, Sellerie) • 1 Zwiebel • ½ TL Salz • Pfeffer • 2 Mettenden (Rauchenden) • etwas Essig • 1 Prise Zucker • 2 EL gehackte Petersilie

1 Die Brühe in einen Topf geben und zum Kochen bringen. Die Linsen hinzufügen und etwa 15 Minuten zugedeckt bei schwacher Hitze kochen lassen, dabei gelegentlich umrühren.

2 In der Zwischenzeit Kartoffeln schälen, abspülen und abtropfen lassen. Suppengrün putzen, schälen, abspülen und abtropfen lassen. Zwiebel abziehen. Gemüse würfeln, zu den Linsen geben, mit Salz und Pfeffer würzen. Die Suppe noch 20–30 Minuten kochen lassen, dabei gelegentlich umrühren.

3 Die Mettenden in dünne Scheiben schneiden, dazugeben und 1 Minute mitkochen lassen. Die Suppe mit Essig und Zucker abschmecken, mit Petersilie bestreut servieren.

Braten Sie zuerst etwa 150 g geräucherten, gewürfelten Speck in dem Topf an und geben Sie dann die Linsen hinzu. Lassen Sie 1 Teelöffel gehackte Kümmelsamen mitkochen (Pro Portion: etwa 1,20 €).

Zubereitungszeit: 15 Minuten • Garzeit: 35–45 Minuten • 4 Portionen
Pro Portion: E: 26 g, F: 16 g, Kh: 52 g, kJ: 1955, kcal: 469, BE: 4,0

Gemüse zum Löffeln

Gemüseeintopf

375 g Möhren • 375 g mehligkochende Kartoffeln • 375 g grüne Bohnen • 250 g Blumenkohl • 250 g Tomaten • 2 Zwiebeln • 50 g Butter oder 4–5 EL Sonnenblumenöl • Salz • frisch gemahlener Pfeffer • 750 ml (3/4 l) heiße Gemüsebrühe • 2 EL gehackte Kräuter, z. B. Petersilie, Basilikum

Zubereitungszeit: 45 Minuten • Garzeit: etwa 25 Minuten
4 Portionen • Pro Portion: E: 7 g, F: 12 g, Kh: 22 g, kJ: 931, kcal: 222, BE: 1,0

1 Möhren putzen, schälen, abspülen und abtropfen lassen. Kartoffeln schälen, abspülen und abtropfen lassen. Beide Zutaten in Würfel schneiden. Von den Bohnen die Enden abschneiden, evtl. Fäden abziehen. Bohnen abspülen, abtropfen lassen und in Stücke schneiden oder brechen.

2 Von dem Blumenkohl Blätter entfernen, den Strunk abschneiden. Blumenkohl in Röschen teilen, abspülen und abtropfen lassen.

3 Tomaten abspülen, abtropfen lassen, kreuzweise einschneiden, kurz in kochendes Wasser legen und in kaltem Wasser abschrecken. Tomaten enthäuten, vierteln und die Stängelansätze herausschneiden.

4 Zwiebeln abziehen und würfeln. Butter oder Öl in einem Topf erhitzen. Zwiebel-, Kartoffelwürfel und Bohnen etwa 5 Minuten unter Rühren dünsten, mit Salz und Pfeffer würzen. Brühe zufügen, zum Kochen bringen und zugedeckt etwa 5 Minuten bei mittlerer Hitze kochen.

5 Möhrenwürfel und Blumenkohlröschen zufügen, zugedeckt etwa 15 Minuten mitgaren.

6 Tomatenviertel zum Eintopf geben und noch etwa 2 Minuten miterhitzen. Den Eintopf mit Salz und Pfeffer abschmecken, mit Kräutern bestreut servieren.

Für einen Gemüseeintopf mit Fleischklößchen (Pro Portion: etwa 1,45 €) etwa 300 g frische Bratwurstmasse aus der Haut drücken. Formen Sie die Masse zu kleinen Klößchen und garen Sie diese die letzten 5 Minuten im Eintopf mit.

Pro Portion etwa
1,10 €

Ein Klassiker frisch aufgepeppt

Steckrübensuppe mit Salami

400 g Steckrübe • 200 g Möhren • 1 Zwiebel • 3 Schalotten • 1 EL Butter • 1 l Gemüsebrühe • 150 g Crème fraîche • Salz • frisch gemahlener Pfeffer • 100 g Salami am Stück • 2 EL Butter • ½ Bund Blattpetersilie

Zubereitungszeit: 30 Minuten • Garzeit: 20–25 Minuten
4 Portionen • Pro Portion: E: 9 g, F: 32 g, Kh: 10 g, kJ: 1516, kcal: 364, BE: 0,5

1 Steckrübe und Möhren schälen, abspülen, abtropfen lassen und in Würfel schneiden. Zwiebel und Schalotten abziehen, halbieren, in Scheiben schneiden.

2 Butter in einem Topf zerlassen. Die Zwiebelscheiben darin andünsten. Steckrübe und Möhren zugeben, 2 Minuten mit andünsten. Brühe hinzufügen und zum Kochen bringen. Das Gemüse in 20–25 Minuten gar kochen.

3 Gemüse pürieren. Crème fraîche unterrühren. Die Suppe mit Salz und Pfeffer abschmecken.

4 Salami in etwa 1 cm große Würfel schneiden. Butter in einer Pfanne zerlassen. Salamiwürfel und Schalottenscheiben darin anbraten.

5 Petersilie abspülen, trocken tupfen und die Blättchen von den Stängeln zupfen. Blättchen in feine Streifen schneiden. Die Suppe mit Salamiwürfeln, Schalottenscheiben und Petersilie bestreut servieren.

Die Steckrübe ist ein Wintergemüse, das regional wieder an Bedeutung gewinnt. Die Verwendung entspricht der von Möhren. Das Fruchtfleisch ist zart, leicht süßlich und gut verdaulich.

Reichen Sie frisch aufgebackenes Baguette (300 g, etwa 0,70 €) dazu.

Pro Portion etwa 0,85 €

Klassisch und doch verwandlungsfähig

Grüne-Bohnen-Eintopf

500 g Rindfleisch zum Kochen (ohne Knochen, mager) • 40 g Margarine oder 4 EL Speiseöl, z. B. Olivenöl • 1 Zwiebel • Salz • frisch gemahlener Pfeffer • 750 ml (¾ l) Gemüsebrühe • 800 g grüne Bohnen • 500 g Kartoffeln • 2 Stängel Bohnenkraut

Zubereitungszeit: 25 Minuten • Garzeit: etwa 45 Minuten
4 Portionen • Pro Portion: E: 33 g, F: 15 g, Kh: 22 g, kJ: 1500, kcal: 357, BE: 2,0

1 Rindfleisch mit Küchenpapier trocken tupfen und in etwa 2 cm große Würfel schneiden.

2 Margarine oder Öl in einem Topf erhitzen. Die Fleischwürfel darin unter Rühren leicht anbraten.

3 Zwiebel abziehen und würfeln. Die Zwiebelwürfel in den Topf geben und kurz andünsten.

4 Fleisch mit Salz und Pfeffer würzen, etwa die Hälfte der Brühe hinzugießen und das Fleisch zugedeckt etwa 20 Minuten schmoren.

5 Von den Bohnen die Enden abschneiden. Bohnen evtl. abfädeln, abspülen, abtropfen lassen und in kleine Stücke schneiden oder brechen. Kartoffeln schälen, abspülen, abtropfen lassen und in Würfel schneiden.

6 Bohnenkraut abspülen und trocken tupfen. Bohnenkraut, Bohnenstücke, Kartoffelwürfel und die restliche Brühe in den Topf geben. Das Ganze zum Kochen bringen und in weiteren 25 Minuten gar kochen.

7 Den Eintopf mit Salz und Pfeffer abschmecken. Das Bohnenkraut vor dem Servieren entfernen.

Verfeinern Sie den Eintopf zusätzlich mit 250 g enthäuteten, entkernten und gewürfelten Tomaten (Pro Portion: etwa 1,75 €). Oder geben Sie zusätzlich noch 150 g gewürfelten Schafkäse und 50 g klein gehackte Oliven (Pro Portion: etwa 2,20 €) vor dem Servieren in den Eintopf.

Reichen Sie frisch aufgebackenes Ciabatta-Brot (300 g, etwa 1,- €) dazu.

Pro Portion etwa
1,70 €

Beliebt

Tortellini-Salat

500 g frische Tortellini mit Käsefüllung (aus dem Kühlregal) • 250 g Tomaten •
150 g gekochter Schinken (in Scheiben)
Für die Salatsauce: 1 Knoblauchzehe • ½ Bund Schnittlauch • 3–4 EL weißer Balsamico-Essig • Salz • frisch gemahlener Pfeffer • 1 Prise Zucker • 4–5 EL Olivenöl

Zubereitungszeit: 30 Minuten, ohne Durchziehzeit
4 Portionen • Pro Portion: E: 21 g, F: 24 g, Kh: 41 g, kJ: 1932, kcal: 461, BE: 3,0

1 Tortellini nach Packungsanleitung zubereiten. Dann die Tortellini in ein Sieb geben, kurz mit kaltem Wasser abspülen, abtropfen und erkalten lassen.

2 Tomaten abspülen, trocken tupfen, vierteln und die Stängelansätze herausschneiden. Tomaten entkernen und Spalten schneiden. Schinken in kleine Stücke schneiden.

3 Für die Salatsauce Knoblauch abziehen und zerdrücken. Schnittlauch abspülen und trocken tupfen. Schnittlauch in feine Röllchen schneiden. Essig mit Knoblauch verrühren, mit Salz, Pfeffer und Zucker würzen. Olivenöl unterschlagen. Schnittlauch unterrühren.

4 Tortellini, Schinken- und Tomatenwürfel mit der Sauce in einer Schüssel vorsichtig mischen und etwa 30 Minuten durchziehen lassen. Salat evtl. nochmals mit Salz und Pfeffer abschmecken.

Der Tortellini-Salat kann als vegetarische Variante auch ohne Schinken zubereitet werden. Ersetzen Sie dann den Schinken durch 250 g frische, geputzte, in Scheiben geschnittene Champignons (Pro Portion: etwa 0,95 €).

Pro Portion etwa
1,15 €

Einfach

Wurst-Käse-Salat

250 g Zwiebeln • 250 g Emmentaler-Käse • 350 g Fleischwurst • 75 g Gewürzgurken
Für die Sauce: 2 EL Weißweinessig • 2 EL Wasser • 1 TL mittelscharfer Senf • Salz • frisch gemahlener Pfeffer • Zucker • 4 EL Sonnenblumenöl • 1 EL Schnittlauchröllchen

1 Zwiebeln abziehen und zunächst in Scheiben schneiden, dann in Ringe teilen. Zwiebelringe in kochendes Wasser geben, etwa 2 Minuten kochen, dann in ein Sieb geben und abtropfen lassen.

2 Emmentaler entrinden und in Streifen schneiden. Fleischwurst enthäuten. Fleischwurst und Gewürzgurken in Scheiben schneiden.

3 Für die Sauce Essig mit Wasser, Senf, Salz, Pfeffer und Zucker verrühren. Öl unterschlagen. Die Salatzutaten mit der Sauce vermengen. Den Salat etwa 1 Stunde durchziehen lassen. Den Salat mit Schnittlauchröllchen bestreut servieren.

Servieren Sie den Wurst-Käse-Salat als kleine Mahlzeit mit Baguette (300 g, etwa 0,70 €) oder in doppelter oder dreifacher Menge zubereitet als Partysalat. Sie können den Salat auch mit Geflügelfleischwurst zubereiten.

Für einen Wurstsalat „Zigeuner Art" (Pro Portion: etwa 1,- €)
350 g Fleischwurst enthäuten und in Streifen schneiden. 1 Zwiebel abziehen und fein würfeln. 4 Gewürzgurken in Streifen schneiden. Perlzwiebeln aus einem Glas (Abtropfgewicht 185 g) in einem Sieb abtropfen lassen.
4 Tomaten abspülen, abtrocknen, vierteln und die Stängelansätze herausschneiden. Tomaten in Stücke schneiden.
Die vorbereiteten Zutaten in einer Schüssel mischen. 3 Esslöffel Tomatenketchup vorsichtig unterheben. Den Salat mit etwas Gurkenflüssigkeit, Tabasco, Salz, Pfeffer und Paprikapulver edelsüß würzen und zugedeckt kalt gestellt etwas durchziehen lassen.

Zubereitungszeit: 25 Minuten, ohne Durchziehzeit • 4 Portionen
Pro Portion: E: 29 g, F: 48 g, Kh: 4 g, kJ: 2357, kcal: 563, BE: 0,0

Pro Portion etwa 1,20 €

Ein Klassiker

Kartoffelsalat

750 g gegarte Pellkartoffeln • 3–4 Gewürzgurken • 400 g fertiger Fleischsalat (aus dem Kühlregal) • etwas Gurkenflüssigkeit • Salz • frisch gemahlener Pfeffer • 1 Prise Zucker • 4 hart gekochte Eier

Zubereitungszeit: 20 Minuten, ohne Durchziehzeit • 4 Portionen
Pro Portion: E: 15 g, F: 41 g, Kh: 32 g, kJ: 2390, kcal: 567, BE: 2,5

1 Kartoffeln pellen, in Würfel schneiden und in eine große Schüssel geben. Gurken abtropfen lassen, in dünne Scheiben schneiden und zu den Kartoffelwürfeln geben. Fleischsalat mit etwas Gurkenflüssigkeit verrühren und untermischen. Salat mit Salz, Pfeffer und Zucker abschmecken.

2 Eier pellen und in Achtel schneiden. Einige Achtel zum Garnieren beiseitelegen, restliche Eierachtel vorsichtig unter den Salat heben. Den Salat im Kühlschrank etwas durchziehen lassen.

3 Den Salat vor dem Servieren evtl. nochmals mit Salz, Pfeffer, Zucker und etwas Gurkenflüssigkeit abschmecken. Salat mit beiseite gelegten Eierachteln garnieren und servieren.

+ Servieren Sie Wiener Würstchen (1 Glas: 250 g, Pro Portion: etwa 1,05 €) oder 4 gebratene Bratwürstchen (Pro Portion: etwa 1,65 €) dazu.

Gelingt jedem

Tomatensalat

750 g Tomaten
Für die Salatsauce: 1 Zwiebel • 1–2 EL Weißwein- oder Kräuteressig • Salz • frisch gemahlener Pfeffer • 1 Prise Zucker • 2 EL Olivenöl • 5 Stängel Basilikum

Zubereitungszeit: 10 Minuten, ohne Durchziehzeit • 4 Portionen
Pro Portion: E: 2 g, F: 5 g, Kh: 6 g, kJ: 345, kcal: 82, BE: 0,0

1 Tomaten abspülen, abtrocknen, halbieren und die Stängelansätze herausschneiden. Tomaten in Scheiben schneiden und in eine Schüssel geben.

2 Für die Sauce Zwiebel abziehen und fein würfeln. Essig mit Salz, Pfeffer und Zucker verrühren. Olivenöl unterschlagen. Die Sauce mit den Tomatenscheiben mischen. Den Salat kurz durchziehen lassen.

3 Basilikum abspülen, trocken tupfen und die Blättchen von den Stängeln zupfen. Einige Blättchen zum Garnieren beiseitelegen. Die restlichen Blättchen fein schneiden und unter den Salat geben. Den Tomatensalat mit den beiseite gelegten Blättchen garniert servieren.

Den Salat zusätzlich mit 200 g Feta-Käse (Pro Portion: etwa 0,85 €) oder 125 g Mozzarella-Käse (Pro Portion: etwa 0,75 €) servieren.

Zum Vorbereiten

Linsensalat mit Senfdressing

Für den Salat: 500 g getrocknete Tellerlinsen • 1¾ l Gemüsebrühe • 1 Gemüsezwiebel • 1 Bund Suppengrün (Möhre, Porree, Sellerie)
Für das Dressing: 1 geh. EL Salatmayonnaise • 2 geh. EL mittelscharfer Senf • 60 ml Speiseöl, z. B. Sonnenblumenöl • 60 ml Gemüsebrühe • 1 Prise Zucker • Salz • frisch gemahlener Pfeffer • 2 EL Weißweinessig • 1 Kästchen Kresse

Zubereitungszeit: 25 Minuten, ohne Abkühl- und Durchziehzeit • Garzeit: etwa 45 Minuten
4–6 Portionen • Pro Portion: E: 26 g, F: 17 g, Kh: 56 g, kJ: 2030, kcal: 485, BE: 4,0

1 Für den Salat Linsen abspülen, abtropfen lassen und mit der Brühe in einem Topf zum Kochen bringen. Die Linsen 35–45 Minuten garen (dabei die Packungsanleitung beachten, die Linsen sollten noch etwas Biss haben).

2 In der Zwischenzeit Gemüsezwiebel abziehen und fein würfeln. Suppengrün putzen. Dazu Sellerie schälen. Möhre putzen und schälen. Sellerie und Möhre abspülen und abtropfen lassen. Porree putzen. Die Stange längs halbieren, gründlich waschen und abtropfen lassen. Vorbereitetes Suppengrün in feine Würfel oder Streifen schneiden.

3 Zwiebelwürfel und Gemüse etwa 10 Minuten vor Ende der Garzeit zu den Linsen geben und mitkochen lassen.

4 Linsen und Gemüse in ein Sieb abgießen, dabei die Gemüsebrühe auffangen. Das Linsengemüse unter fließendem kalten Wasser abschrecken und gut abtropfen lassen. Die Zutaten erkalten lassen.

5 Für das Dressing Mayonnaise mit Senf verrühren. Öl nach und nach unterschlagen. Von der aufgefangenen Gemüsebrühe 60 ml abmessen und unterrühren. Das Dressing mit Zucker, Salz, Pfeffer und Essig abschmecken, mit dem Salat vermischen. Salat gut durchziehen lassen und bis zum Verzehr in den Kühlschrank stellen.

6 Kresse abspülen, trocken tupfen und abschneiden. Die Hälfte der Kresse unter den Salat geben. Salat mit der restlichen Kresse garniert servieren.

Wenn Sie mögen, können Sie noch 400 g fein gewürfelte Fleischwurst (Pro Portion: etwa 1,30 €) unter den Salat heben.

Pro Portion etwa
0,90 €

Beliebt

Grüner Salat

400 g grüner Salat, z. B. Kopfsalat, Eisbergsalat, Lollo Bionda
Für die Vinaigrette: 2 EL Weißweinessig • Salz • 5 EL Mineralwasser • 1 TL mittelscharfer Senf • 6 EL Speiseöl, z. B. Sonnenblumenöl • ½ Bund Petersilie oder ½ Bund Schnittlauch • 1 kleine Zwiebel • frisch gemahlener Pfeffer • 1 Prise Zucker

Zubereitungszeit: 15 Minuten • 4 Portionen
Pro Portion: E: 2 g, F: 15 g, Kh: 2 g, kJ: 637, kcal: 152, BE: 0,0

1 Salat putzen und die äußeren, welken Blätter entfernen. Salatblätter vom Strunk zupfen und in reichlich Wasser gründlich waschen, aber nicht drücken. Salat in einem Sieb gut abtropfen lassen oder in einer Salatschleuder trocken schleudern. Die dicken Rippen aus den Salatblättern entfernen und die großen Blätter kleiner zupfen. Die Herzblätter ganz lassen.

2 Für die Vinaigrette Essig mit Salz, Mineralwasser und Senf verrühren. Speiseöl unterschlagen. Kräuter abspülen und trocken tupfen. Petersilienblätter von den Stängeln zupfen. Petersilie hacken. Oder Schnittlauch in Röllchen schneiden. Zwiebel abziehen und fein würfeln.

3 Kräuter und Zwiebelwürfel unter die Vinaigrette rühren, mit Salz, Pfeffer und Zucker würzen. Den Salat mit der Vinaigrette vermengen und servieren.

Frisch schmeckt dazu auch eine Zucker-Zitronen-Sauce. Verrühren Sie dafür den Saft einer Zitrone mit 1 gehäuften Teelöffel Zucker, bis sich der Zucker gelöst hat. Mischen Sie die Sauce mit den Salatblättern und lassen Sie den Salat kurz durchziehen (Pro Portion: etwa 0,40 €).

Blitzschnell gemacht

Gurkensalat

2 mittelgroße Salatgurken (je 400 g) • 1–2 Dillstängel • 2 EL Weißweinessig • Salz • frisch gemahlener Pfeffer • 1 TL Zucker • 3 EL Speiseöl, z. B. Sonnenblumenöl

Zubereitungszeit: 15 Minuten, ohne Durchziehzeit • 4 Portionen
Pro Portion: E: 1 g, F: 8 g, Kh: 5 g, kJ: 387, kcal: 92, BE: 0,0

1 Gurken schälen und die Enden abschneiden. Gurken in dünne Scheiben schneiden oder hobeln. Dill abspülen und trocken tupfen. Dill in kleine Stängel zupfen und hacken.

2 Essig mit Salz, Pfeffer und Zucker verrühren. Speiseöl unterschlagen. Dill unterrühren. Die Gurkenscheiben in eine Schüssel geben und mit der Sauce gut vermengen. Den Salat etwa 15 Minuten durchziehen lassen. Dann den Salat nochmals mit Salz und Pfeffer abschmecken und servieren.

Für einen Gurkensalat mit Schmand (Pro Portion: etwa 0,50 €) die Gurken und den Dill wie unter Punkt 1 beschrieben vorbereiten. Den Dill mit 4 Esslöffeln Schmand oder saurer Sahne verrühren, mit Salz, Pfeffer und Zucker abschmecken. Die Sauce mit den Gurkenscheiben vermengen.

Pro Portion etwa **0,45 €**

Perfekt kombiniert

Käse-Tunfisch-Salat

2 Dosen Tunfisch naturell (Abtropfgewicht je 175 g) • 6 hart gekochte Eier • 300 g Gouda-Käse • 1 rote Paprikaschote • 1 Zwiebel • 4 Gewürzgurken • Salz • frisch gemahlener Pfeffer • ½ gestr. TL Zucker • 3 EL Salatmayonnaise • 150 g Joghurt • 3 Stängel Basilikum

1 Tunfisch in einem Sieb abtropfen lassen, etwas zerpflücken. Eier pellen und in Scheiben schneiden. Käse in Würfel schneiden.

2 Paprikaschote halbieren, entstielen, entkernen und die weißen Scheidewände entfernen. Schote abspülen, abtropfen lassen und in Würfel schneiden. Zwiebel abziehen. Zwiebel und Gewürzgurken fein würfeln.

3 Alle Zutaten miteinander vermischen, mit Salz, Pfeffer und Zucker abschmecken. Mayonnaise mit Joghurt verrühren und unterheben. Den Salat zugedeckt im Kühlschrank gut durchziehen lassen.

4 Basilikum abspülen, trocken tupfen und die Blättchen von den Stängeln zupfen. Blättchen fein schneiden und unter den Salat geben. Vor dem Servieren den Salat nochmals abschmecken.

Richten Sie den Salat portionweise auf Friséesalatblättern an. Statt der Gewürzgurken können auch 4 Tomaten, in Scheiben geschnitten, genommen werden (Pro Portion: etwa 1,20 €).
Optisch macht dieser Salat noch mehr her, wenn Sie die Salatzutaten in eine durchsichtige Schüssel schichten. Dann die Mayonnaise-Joghurt-Mischung zum Schluss darauf verteilen.

Zubereitungszeit: 40 Minuten, ohne Durchziehzeit
6 Portionen • Pro Portion: E: 34 g, F: 35 g, Kh: 5 g, kJ: 1991, kcal: 476, BE: 0,5

Pro Portion etwa
1,05 €

Schnell gemacht

Pikant-fruchtiger Eisbergsalat

Für den Salat: 1 kleiner Kopf Eisbergsalat (etwa 400 g) • 1 Dose Mandarinen (Abtropfgewicht 175 g) • 1 Dose Ananasringe oder -stücke (Abtropfgewicht 340 g) • 250 g blaue Weintrauben
Für die Sauce: 100 g Schlagsahne • 150 g Joghurt • etwas Zucker • Salz • frisch gemahlener Pfeffer • etwas Currypulver • etwas Zitronensaft

Zubereitungszeit: 20 Minuten • 4 Portionen
Pro Portion: E: 4 g, F: 10 g, Kh: 39 g, kJ: 1135, kcal: 271, BE: 3,0

1 Für den Salat Eisbergsalat putzen, vierteln, abspülen und gut abtropfen lassen. Salat in Streifen schneiden.

2 Mandarinen und Ananas in ein Sieb geben und abtropfen lassen. Ananasscheiben in kleine Stücke schneiden. Weintrauben waschen, abtrocknen, halbieren und entkernen. Die Salatzutaten in eine Schüssel geben.

3 Für die Sauce Sahne mit Joghurt verrühren und mit Zucker, Salz, Pfeffer und Currypulver würzen. Die Sauce mit Zitronensaft abschmecken und vorsichtig mit den Salatzutaten mischen. Den Salat sofort servieren.

Heben Sie nach Belieben zusätzlich 100 g gewürfelten Blauschimmelkäse (Pro Portion: etwa 1,20 €) oder 50 g gehackte Walnusskerne (Pro Portion: etwa 1,- €) unter.

Für einen Eisberg-Camembert-Salat (Pro Portion: etwa 1,25 €)
2 Esslöffel gehackte Haselnusskerne in einer Pfanne ohne Fett hell-braun rösten, herausnehmen und erkalten lassen. Für ein Dressing 150 g Joghurt mit 2 Esslöffeln Zitronensaft und 1–2 Esslöffeln Senf verrühren.
1–2 Esslöffel Sonnenblumenöl unterschlagen. Das Dressing mit Salz, Pfeffer und Zucker abschmecken. 1 Kopf Eisbergsalat putzen, vierteln, abspülen und gut abtropfen lassen. Salat in mundgerechte Stücke schneiden.
2 Möhren putzen, schälen, abspülen, abtropfen lassen und in feine Streifen schneiden oder grob raspeln. 250 g Camembert in Scheiben oder Stücke schneiden. Eisbergsalat mit Möhren und Käse vorsichtig vermischen. Das Dressing daraufgeben. Den Salat mit Nüssen und 1–2 Esslöffeln Kresse oder gehackte Petersilie bestreut servieren.

Pro Portion etwa
0,85 €

Gut vorzubereiten

Spaghetti-Salat

3 l Wasser • 3 TL Salz • 300 g Spaghetti • 100 g getrocknete Tomaten, in Öl eingelegt • 1 Glas schwarze Oliven (ohne Stein, Abtropfgewicht 85 g) • 1 Knoblauchzehe • 1 EL Tomatenmark • etwa 8 Stängel Basilikum • 3 EL Olivenöl • Salz • frisch gemahlener Pfeffer • 60 g frisch gehobelter Parmesan-Käse

1 Wasser in einem großen Topf zugedeckt zum Kochen bringen. Salz und Spaghetti zugeben. Die Spaghetti nach Packungsanleitung im geöffneten Topf bei mittlerer Hitze bissfest kochen, dabei gelegentlich umrühren.

2 Anschließend die Nudeln in ein Sieb geben, mit kaltem Wasser abspülen, abtropfen und erkalten lassen.

3 Tomaten in einem Sieb abtropfen lassen und in feine Streifen schneiden. Oliven halbieren. Knoblauch abziehen und fein hacken.

4 Knoblauch mit Tomatenstreifen, Oliven und Tomatenmark gut vermischen und die Spaghetti unterheben.

5 Basilikum abspülen und trocken tupfen. Blättchen von den Stängeln zupfen, fein schneiden, mit Olivenöl vermischen und mit Salz und Pfeffer würzen.

6 Basilikummischung unter die Spaghetti geben. Den Salat mit Parmesan bestreuen und servieren.

Zusätzlich können Sie noch abgetropften, etwas zerpflückten Tunfisch aus der Dose (Abtropfgewicht 175 g, Pro Portion: etwa 1,20 €) unter den Salat geben. Auch 200 g in Streifen geschnittener, gekochter Schinken (Pro Portion: etwa 1,25 €) schmeckt sehr gut in diesem Salat. Wer keine Oliven mag, kann sie durch eine gewürfelte, gelbe Paprikaschote ersetzen.

Zubereitungszeit: 25 Minuten, ohne Abkühlzeit

4 Portionen • Pro Portion: E: 17 g, F: 23 g, Kh: 61 g, kJ: 2200, kcal: 526, BE: 5,0

Pro Portion etwa 0,95 €

Nicht nur bei Kindern beliebt

Möhren-Apfel-Salat

Für die Sauce: 1–2 EL Zitronensaft • Salz • Zucker • 1–2 EL Sonnenblumenöl
Für den Salat: 500 g Möhren • 250 g Äpfel

Zubereitungszeit: 20 Minuten, ohne Durchziehzeit • 4 Portionen
Pro Portion: E: 1 g, F: 4 g, Kh: 11 g, kJ: 371, kcal: 89, BE: 0,5

1 Für die Sauce Zitronensaft mit Salz und Zucker verrühren, Sonnenblumenöl unterschlagen. Möhren putzen, schälen, abspülen und abtropfen lassen. Äpfel schälen, vierteln und entkernen.

2 Möhren und Apfelviertel auf einer Haushaltsreibe raspeln und in eine Schüssel geben. Die Sauce zu den Möhren- und Apfelraspeln geben und untermengen. Den Salat mit Salz und Zucker abschmecken, vor dem Servieren kurz durchziehen lassen.

Für einen Möhren-Orangen-Salat (Pro Portion: etwa 0,55 €) 500 g Möhren putzen, schälen, abspülen und abtropfen lassen. Die Möhren auf einer Haushaltsreibe raspeln. 3 Orangen so schälen, dass die weiße Haut mit entfernt wird. Die Orangenfilets über einer Schüssel herausschneiden, dabei den Saft auffangen. Möhrenraspel mit den Orangenfilets und dem aufgefangenen Saft vermischen. 1 Esslöffel Sonnenblumenöl, 1 Esslöffel flüssigen Honig und 1 Esslöffel Zitronensaft verrühren und unter den Salat mischen. Den Salat zusätzlich mit 50 g gehackten Nusskernen bestreuen.

Kalorienarm

Apfel-Sellerie-Rohkost

Für die Marinade: Saft von 2 Zitronen • 2 EL flüssiger Honig • Salz
Für den Salat: 4 Äpfel (etwa 600 g) • 800 g Knollensellerie • 100 g Kasseler-Aufschnitt oder geräucherter Putenbrustaufschnitt • 250 g fettarmer Naturjoghurt (1,5 % Fett) • 60 g gehackte Walnusskerne

1 Für die Marinade Zitronensaft mit Honig verschlagen, mit Salz abschmecken.

2 Für den Salat Äpfel abspülen, abtrocknen, vierteln und entkernen. Sellerie putzen, schälen, abspülen und gut abtropfen lassen. Äpfel und Sellerie grob raspeln und unter die Marinade rühren.

3 Kasseler-Aufschnitt oder Putenbrustaufschnitt in feine Streifen schneiden. Joghurt glatt rühren und unter die Apfel-Sellerie-Mischung rühren.

4 Apfel-Sellerie-Rohkost mit Aufschnittstreifen und Walnusskernen servieren.

Zubereitungszeit: 20 Minuten • 4 Portionen
Pro Portion: E: 13 g, F: 12 g, Kh: 31 g, kJ: 1247, kcal: 298, BE: 2,5

Einfach

Bauarbeiterbrötchen

½ Bund Radieschen • 50 g Salat (z. B. Eisbergsalat, Rucola) • 8 Scheiben Frühstücksspeck (Bacon, etwa 10 g) • 20 g Margarine • 4 Eier (Größe M) • Salz • 4 Brötchen • 50 g Butter • frisch gemahlener Pfeffer

1 Radieschen putzen, abspülen, abtropfen lassen und in dünne Scheiben schneiden. Salat putzen, abspülen, trocken tupfen oder schleudern und in Streifen schneiden.

2 Frühstücksspeck in einer Pfanne (Ø 28 cm) ohne Fett knusprig braten und herausnehmen.

3 Margarine in der Pfanne zerlassen. Die Eier vorsichtig aufschlagen und nebeneinander in das Fett gleiten lassen.

4 Eiweiß mit Salz bestreuen. Die Eier etwa 5 Minuten bei mittlerer Hitze braten, bis das Eiweiß fest ist. Dann die Eier wenden und weitere etwa 2 Minuten braten.

5 Brötchen halbieren und mit Butter bestreichen. Die unteren Hälften mit Radieschenscheiben, Salatstreifen, Spiegeleiern und knusprigem Frühstücksspeck belegen, mit etwas frisch gemahlenem Pfeffer bestreuen. Die oberen Brötchenhälften darauflegen.

Der Eier-Frische-Test: Machen Sie die Aufschlagprobe mit einem auf einem Teller aufgeschlagenen Ei.
Das Eiweiß eines frischen Eies umschließt das Eigelb fest, das Eigelb ist kugelig.
Das Eiweiß eines etwa 7 Tage alten Eies beginnt zu fließen, es steht nicht mehr so fest.
Das Eiweiß eines etwa 3 Wochen alten Eies ist wässrig, das Eigelb ist flach.

Zubereitungszeit 10 Minuten • Garzeit: etwa 7 Minuten
4 Stück • Pro Stück: E: 17 g, F: 24 g, Kh: 32 g, kJ: 1711, kcal: 409, BE: 2,5

Pro Portion etwa 1,45 €

Geschmolzene Mozzarella-Tomaten

1 kg Tomaten • 375 g Mozzarella-Käse • 6 Stängel Basilikum • Salz • frisch gemahlener Pfeffer • Knoblauchpulver • 1 EL weißer Balsamico-Essig • 3 EL Olivenöl
Außerdem: 1 kleines Baguette (etwa 280 g) • 100 ml Olivenöl

Zubereitungszeit: 20 Minuten • Garzeit: etwa 6 Minuten
6 Portionen • Pro Portion: E: 17 g, F: 35 g, Kh: 28 g, kJ: 2060, kcal: 492, BE: 2,0

1 Tomaten abspülen, trocken tupfen, vierteln, entkernen und die Stängelansätze herausschneiden. Mozzarella in einem Sieb abtropfen lassen und in große Würfel schneiden. Basilikum abspülen und trocken tupfen. Die Blättchen von den Stängeln zupfen (einige Stängel zum Garnieren beiseitelegen). Restliche Blättchen klein schneiden.

2 Tomatenviertel mit Mozzarellawürfeln und Basilikum mischen, mit Salz, Pfeffer, Knoblauch und Essig kräftig würzen. Die Zutaten in eine mikrowellengeeignete Form geben, Olivenöl daraufträufeln.

3 Die Form in die Mikrowelle stellen und bei 800 Watt etwa 6 Minuten (bei 600 Watt etwa 8 Minuten) mit Abdeckhaube garen. Anschließend noch etwa 2 Minuten in der ausgeschalteten Mikrowelle stehen lassen.

4 In der Zwischenzeit Baguette in dünne Scheiben schneiden. Olivenöl in einer Pfanne erhitzen. Baguettescheiben von beiden Seiten darin braten.

5 Geschmolzene Tomaten mit Mozzarella mit den beiseite gelegten Basilikumstängeln garnieren und mit den Baguettescheiben sofort servieren.

Sie können die geschmolzenen Mozzarella-Tomaten auch im Backofen zubereiten. Dafür die vorbereitete Tomaten-Mozzarella-Mischung in eine Auflaufform (gefettet) geben und im vorgeheizten Backofen (bei Ober-/Unterhitze: etwa 180 °C, Heißluft: etwa 160 °C) 15–20 Minuten garen.

Pro Portion etwa
1,- €

Einfacher gemacht als gedacht

Zucchini-Porree-Tarte

150 g Porree (Lauch) • 450 g Zucchini • 70 g mittelalter Gouda-Käse • 100 ml Olivenöl • 2 EL Senfkörner • frisch gemahlener Pfeffer • 120 g Weizenmehl • 30 g Hartweizengrieß • 3 gestr. TL Dr. Oetker Backin • 1 gestr. TL Salz • 50 ml Buttermilch • 2 Eier (Größe M)

Zubereitungszeit: 30 Minuten, ohne Abkühlzeit • Backzeit: 35–40 Minuten
4 Portionen • Pro Portion: E: 15 g, F: 39 g, Kh: 35 g, kJ: 2286, kcal: 546, BE: 2,5

1 Porree putzen, der Länge nach durchschneiden, waschen, abtropfen lassen und quer in 1 cm breite Streifen schneiden. Zucchini abspülen, trocken tupfen und die Enden abschneiden. Zucchini zuerst der Länge nach in ½ cm dicke Scheiben, dann quer in dünne Streifen schneiden. Käse auf der Haushaltsreibe reiben.

2 Vom Olivenöl 2 Esslöffel in einem kleinen Topf erhitzen. Porreestreifen darin zugedeckt etwa 3 Minuten dünsten. Zucchinistreifen und Senfkörner hinzufügen und kurz miterhitzen. Den Topf von der Kochstelle nehmen. Die Gemüsemasse abkühlen lassen, bis sie lauwarm ist, mit Pfeffer würzen.

3 Den Backofen vorheizen.
Ober-/Unterhitze: etwa 180 °C
Heißluft: etwa 160 °C

4 Für den Teig Mehl, Grieß, Backpulver und Salz in eine Rührschüssel geben und mit einem Schneebesen verrühren. Buttermilch, Eier und restliches Olivenöl dazugeben und mit Handrührgerät mit Rührbesen unterrühren. Jeweils drei Viertel der Gemüsemasse und des geriebenen Käses unter den Teig rühren.

5 Den Teig in eine Tarteform (Ø 26–28 cm, gefettet, mit Semmelbröseln ausgestreut) füllen und glatt streichen. Restliches Gemüse darauf verteilen, mit dem restlichen Käse bestreuen. Die Form auf dem Rost auf mittlerer Einschubleiste in den Backofen schieben. Die Tarte 35–40 Minuten backen.

6 Die Form auf einen Kuchenrost stellen. Die Tarte in der Form erkalten lassen. Zum Servieren die Tarte in Stücke schneiden.

Pro Portion etwa
0,80 €

Dauert länger – aber lecker

Gefüllte Kräuterkartoffeln

8 vorwiegend festkochende Kartoffeln (je etwa 150 g) • 1 TL Salz • 250 g Kartoffeln (normale Größe) • ½ TL Salz • 2 Zwiebeln • 1 Bund Petersilie • 1 Bund Majoran • 1 Bund Thymian • 2 Zweige Rosmarin • 2 EL Olivenöl • 200 ml Milch • 60 g Butter • Salz • frisch geriebene Muskatnuss • 2 Eier • 100 g getrocknete Tomaten, in Öl eingelegt

4 Portionen • Pro Portion: E: 15 g, F: 25 g, Kh: 63 g, kJ: 2284, kcal: 545, BE: 5,0
Zubereitungszeit: 35 Minuten • Garzeit: 35–40 Minuten

1 Kartoffeln unter fließendem kalten Wasser abbürsten und abtropfen lassen. Kartoffeln in einen großen Topf geben und so viel Wasser hinzufügen, dass die Kartoffeln knapp bedeckt sind. Kartoffeln zugedeckt zum Kochen bringen. Salz hinzugeben.

2 Kartoffeln zugedeckt in 20–25 Minuten, je nach Größe der Kartoffeln, gar kochen. Kartoffeln abgießen, mit kaltem Wasser abschrecken und nochmals abgießen. Kartoffeln etwas abkühlen lassen.

3 Gleichzeitig restliche Kartoffeln schälen, abspülen, abtropfen lassen, würfeln und mit Wasser bedeckt zum Kochen bringen. Salz hinzugeben. Die Kartoffelwürfel etwa 20 Minuten garen, dann abgießen, abdämpfen und sofort durch eine Kartoffelpresse drücken oder zerstampfen.

4 Von den ganzen Kartoffeln einen länglichen Deckel abschneiden. Die Kartoffeln mit einem Teelöffel so aushöhlen, dass ein etwa ½ cm breiter Rand stehen bleibt.

5 Die abgeschnittenen Kartoffeldeckel pellen und mit dem ausgehöhlten Kartoffelfleisch ebenfalls durch eine Kartoffelpresse drücken oder fein zerstampfen, mit dem restlichen Karoffelpüree vermengen.

6 Den Backofen vorheizen.
Ober-/Unterhitze: etwa 200 °C
Heißluft: etwa 180 °C

7 Zwiebeln abziehen und in feine Würfel schneiden. Kräuter abspülen, trocken tupfen. Die Blättchen oder Nadeln von den Stängeln bzw. Zweigen zupfen und fein hacken.

8 Olivenöl in einer Pfanne erhitzen. Zwiebelwürfel darin andünsten. Kräuter unterrühren. Die Pfanne von der Kochstelle nehmen.

9 Milch erwärmen. Butter zerlassen. Kartoffelpüree mit Milch, Butter und den Kräutern vermengen, mit Salz und Muskat würzen. Die ausgehöhlten Kartoffeln mithilfe eines Teelöffels mit dem Kartoffelpüree füllen und auf ein Backblech (mit Backpapier belegt) legen.

10 Die Eier verschlagen. Die Kartoffel-Kräuter-Füllung damit bestreichen. Das Backblech auf mittlerer Einschubleiste in den vorgeheizten Backofen schieben. Die Kartoffeln etwa 15 Minuten garen.

11 Die getrockneten Tomaten abtropfen lassen und in feine Streifen schneiden. Die Kräuterkartoffeln mit Tomatenstreifen belegen und servieren.

Richten Sie die Kräuterkartoffeln mit kleinen Kräuterstängeln nett an. Die Kräuterkartoffeln eignen sich sehr gut als Beilage zur Grillparty. Sie können die Kartoffeln bis einschließlich Punkt 9 vorbereiten und zugedeckt kalt stellen. Dann die vorbereiteten Kartoffeln mit dem verschlagenem Ei bestreichen und im vorgeheizten Backofen (bei Ober-/Unterhitze: etwa 180 °C, Heißluft: etwa 160 °C) etwa 40 Minuten garen.

Die mögen auch Kinder

Kartoffel-Schinken-Tortilla

500 g festkochende Kartoffeln • Salz • 125 g gekochter Schinken • 125 g roher Schinken • 6 Eier (Größe M) • 6 EL Milch • frisch gemahlener Pfeffer • Paprikapulver edelsüß • 1 Knoblauchzehe • ½ Bund glatte Petersilie • 5 EL Sonnenblumenöl

Zubereitungszeit: 25 Minuten, ohne Abkühlzeit • Garzeit: 45–50 Minuten
4 Portionen • Pro Portion: E: 26 g, F: 26 g, Kh: 19 g, kJ: 1742, kcal: 416, BE: 1,5

1 Die Kartoffeln gründlich waschen und mit Wasser bedeckt zum Kochen bringen. Salz zugeben und die Kartoffeln in 20–25 Minuten gar kochen. Die Kartoffeln abgießen, mit kaltem Wasser abschrecken, kurz abkühlen lassen. Kartoffeln pellen, in Scheiben schneiden und erkalten lassen.

2 Beide Schinkensorten in Würfel schneiden. Eier mit Milch verschlagen, mit Salz, Pfeffer und Paprikapulver würzen. Knoblauch abziehen, fein hacken und unterrühren. Petersilie abspülen und trocken tupfen. Die Blättchen von den Stängeln zupfen. Blättchen grob hacken.

3 Den Backofen vorheizen.
Ober-/Unterhitze: etwa 180 °C
Heißluft: etwa 160 °C

4 Öl portionsweise in einer großen Pfanne erhitzen. Die Kartoffelscheiben portionsweise darin anbraten. Kartoffeln mit Salz und Pfeffer würzen. Etwa die Hälfte der Petersilie und der Schinkenwürfel unterrühren.

5 Die angebratenen Kartoffeln in einer Tarteform (gefettet, Ø etwa 28 cm) verteilen. Die Eiermasse daraufgießen. Die restlichen Schinkenwürfel daraufstreuen. Die Form auf dem Rost auf mittlerer Einschubleiste in den vorgeheizten Backofen schieben. Die Tortilla etwa 25 Minuten garen, bis die Masse gestockt ist.

6 Die Tortilla vor dem Servieren mit der restlichen Petersilie bestreuen.

Die Kartoffeln lassen sich gut am Vortag vorbereiten (siehe Punkt 1). Stellen Sie die Kartoffelscheiben dann zugedeckt bis zur Weiterverarbeitung in den Kühlschrank.
Wenn Sie keine Tarteform zur Verfügung haben, können Sie die Tortilla auch in einer großen Auflaufform zubereiten.

Pro Portion etwa
1,45 €

Eier mal anders

Pro Portion etwa 0,45 €

Pochierte Eier

1 l Wasser • 3 EL Essig, z. B. Weißweinessig • 8 Eier (Größe M) • evtl. 1 EL gehackte Kräuter, z. B. Schnittlauch, Petersilie oder Kerbel

Zubereitungszeit: 10 Minuten • Ziehzeit: 3–4 Minuten
8 Stück • Pro Stück: E: 7 g, F: 6 g, Kh: 1 g, kJ: 355, kcal: 85, BE: 0,0

1 Wasser mit Essig in einem Topf zum Kochen bringen. Eier einzeln in einer Kelle aufschlagen, vorsichtig in das siedende (nicht sprudelnd kochende) Wasser gleiten lassen. Eiweiß sofort mit 2 Esslöffeln an das Eigelb schieben. Die Eier bei schwacher Hitze 3–4 Minuten ohne Deckel gar ziehen lassen (maximal 4 Eier auf einmal garen).

2 Die gegarten Eier mit einem Schaumlöffel herausnehmen, kurz in kaltes Wasser tauchen, abtropfen lassen und die Ränder glatt schneiden. Eier auf Tellern anrichten und nach Belieben mit gehackten Kräutern bestreuen.

Pochierte Eier (Verlorene Eier) als Einlage für Suppen reichen oder zu Bratkartoffeln (siehe Seite 93) servieren. Verwenden Sie möglichst frische Eier. Das Eiweiß zieht sich dann besser, um das Eigelb herum, zusammen.

Pochierte Eier mit gemischtem Salat (Foto). Dazu von je ½ Kopf Lollo Rossa und Bionda die äußeren welken Blätter entfernen. Den Salat waschen, trocken tupfen oder schleudern, in mundgerechte Stücke zupfen. 250 g Cocktailtomaten abspülen, abtrocknen und vierteln. 250 g Salatgurke abspülen, abtrocknen und die Enden abschneiden. Die Gurke in Scheiben schneiden. 200 g dünne Bundmöhren putzen, schälen, abspülen, abtropfen lassen, in dünne Scheiben schneiden oder hobeln. 1 Zwiebel abziehen und würfeln. Die vorbereiteten Salatzutaten in einer Schüssel vermengen. 2–3 Esslöffel Kräuter-Essig mit Salz, Pfeffer und 1 Teelöffel flüssigem Honig verrühren, 5 Esslöffel Olivenöl unterschlagen. Sauce mit den Salatzutaten vermengen, auf 4 Teller verteilen und mit je 2 Eiern auf gerösteten Ciabatta-Scheiben anrichten. Eier und Salat mit Dill garnieren.

Pochierte Eier auf geröstetem Brot (Pro Portion: etwa 0,95 €). Dazu 4 Scheiben Sandwichbrot toasten. Die heißen Brotscheiben dünn mit je ½ Teelöffel Pesto bestreichen und mit je 2 Tomatenscheiben belegen. Die Eier wie im Rezept beschrieben pochieren (aber nicht abschrecken), sofort auf die Tomatenscheiben legen, mit etwa 25 g geriebenem Parmesan-Käse und Pfeffer bestreuen, sofort servieren.

Pro Portion etwa 1,15 €

Partygeeignet

Blätterteigpastetchen mit Leberwurst

1 Pck. TK-Blätterteig, (450 g, 10 Scheiben) • 200 g Leberwurst, z. B. grobe Gutsleberwurst • 250 g Kasseler Aufschnitt • 250 g säuerliche Äpfel, z. B. Boskop, Cox Orange • 1 Zwiebel • 1 TL gerebelter Beifuß • 1 TL mittelscharfer Senf

Zubereitungszeit: 20 Minuten, ohne Auftauzeit • Backzeit: 15–20 Minuten
10 Stück • Pro Stück: E: 11 g, F: 17 g, Kh: 19 g, kJ: 1194, kcal: 285, BE: 1,5

1 Blätterteigplatten nebeneinander auf zwei Backbleche (mit Backpapier belegt) legen und bei Zimmertemperatur auftauen lassen.

2 Den Backofen vorheizen.
Ober-/Unterhitze: etwa 200 °C
Heißluft: etwa 180 °C

3 Leberwurst aus der Hülle in eine Schüssel drücken. Kasseler Aufschnitt in kleine Stücke schneiden.

4 Äpfel abspülen, abtrocknen, vierteln, entkernen und in kleine Würfel schneiden. Zwiebel abziehen, halbieren und in feine Würfel schneiden.

5 Leberwurst mit Aufschnittstücken, Apfel- und Zwiebelwürfeln vermischen, mit Beifuß und Senf würzen. Leberwurstmasse mit einem Teelöffel in die Mitte der Blätterteigplatten geben.

6 Die Backbleche nacheinander (bei Heißluft zusammen) im unteren Drittel in den Backofen schieben. Die Pastetchen 15–20 Minuten backen.

Die Blätterteigpastetchen lassen sich gut vorbereiten und schmecken auch kalt sehr gut.

Für Blutwurstpastetchen (Pro Stück: etwa 0,45 €) können Sie statt der Leberwurst und dem Kasseler Aufschnitt etwa 400 g Blutwurst in kleine Würfel geschnitten verarbeiten.

Pro Stück etwa 0,65 €

Vegetarisches zum Grillen

Kartoffel-Feta-Puffer vom Grill

750 g mehligkochende Kartoffeln • 1 TL Salz • 2 mittelgroße Möhren • 250 g Fetakäse • 3 Frühlingszwiebeln • 2 Stängel Dill • 2 Eier (Größe M) • Saft und abgeriebene Schale von ½ Bio-Zitrone (unbehandelt, ungewachst) • Salz • frisch gemahlener Pfeffer • 2 EL Weizenmehl • 6 EL Semmelbrösel

Außerdem: extrastarke Alufolie • Olivenöl

Zubereitungszeit: 20 Minuten, ohne Abkühlzeit • Garzeit: etwa 25 Minuten • Grillzeit: etwa 8 Minuten
10 Stück • Pro Stück: E: 8 g, F: 7 g, Kh: 19 g, kJ: 751, kcal: 179, BE: 1,5

1 Kartoffeln schälen und abspülen. Kartoffeln knapp mit Wasser bedeckt zum Kochen bringen. Salz hinzugeben. Kartoffeln zugedeckt in etwa 25 Minuten gar kochen. Kartoffeln abgießen, sofort durch eine Kartoffelpresse drücken oder mit einem Kartoffelstampfer zerstampfen und in eine Schüssel geben, etwas abkühlen lassen.

2 Möhren putzen, schälen, abspülen und abtropfen lassen. Möhren grob raspeln. Feta-Käse in Stücke schneiden und mit einer Gabel zerdrücken.

3 Frühlingszwiebeln putzen, abspülen, abtropfen lassen und in feine Ringe schneiden. Dill abspülen, trocken tupfen und die Spitzen von den Stängeln zupfen. Spitzen fein hacken.

4 Möhrenraspel, Feta-Käse, Frühlingszwiebelringe, Dill, Eier, etwas Zitronensaft und -schale zu den zerstampften Kartoffeln geben. Die Zutaten gut vermengen. Kartoffel-Gemüse-Masse mit Salz und Pfeffer abschmecken.

5 Mehl und Semmelbrösel in einer flachen Schale vermischen. Aus der Kartoffel-Gemüse-Masse etwa 2 cm dicke Puffer formen und diese in der Mehl-Semmelbrösel-Mischung wenden. Panade gut andrücken.

6 Für den Grill ein etwa 20 x 30 cm großes Stück Alufolie bereitlegen. Die Ränder der Folie etwas hochfalten, sodass eine Schale entsteht. Die Folienschale gut mit Öl ausstreichen und auf den heißen Grill legen. Die Puffer darin von jeder Seite in 3–4 Minuten knusprig grillen. Puffer heiß servieren.

+ Lecker dazu ist der grüne Salat von Seite 42.

Pro Stück etwa
0,40 €

Einfach

Fladenbrot-Pizza

1 Fladenbrot • 4 Tomaten • 1 Bund Frühlingszwiebeln • 200 g Fetakäse oder Schafkäse • 50 g schwarze Oliven • 250 g Thüringer Mett (gewürztes Schweinegehacktes) • 100 g Tsatsiki • etwas gerebelter Oregano
Nach Belieben: einige Kräuterblättchen zum Garnieren

4 Portionen • Pro Portion: E: 31 g, F: 31 g, Kh: 67 g, kJ: 2805, kcal: 670, BE: 5,0
Zubereitungszeit: 20 Minuten • Backzeit: etwa 25 Minuten

1 Das Fladenbrot auf ein Backblech (mit Backpapier belegt) legen. Den Backofen vorheizen.
Ober-/Unterhitze: etwa 180 °C
Heißluft: etwa 160 °C

2 Tomaten abspülen, abtrocknen, halbieren und die Stängelansätze herausschneiden. Tomaten in dünne Scheiben schneiden. Frühlingszwiebeln putzen, abspülen, abtropfen lassen und in Scheiben schneiden.

3 Feta- oder Schafkäse abtropfen lassen und fein würfeln. Oliven entsteinen, in Stücke schneiden und mit den Käsewürfeln vermengen.

4 Mett gleichmäßig dünn auf dem Fladenbrot verteilen. Tsatsiki in Klecksen darauf verteilen. Tomaten- und Frühlingszwiebelscheiben daraufgeben und mit Oregano bestreuen.

5 Die Oliven-Käse-Mischung daraufstreuen. Das Backblech auf mittlerer Einschubleiste in den vorgeheizten Backofen schieben und die Fladenbrot-Pizza etwa 25 Minuten backen.

6 Zum Servieren die Fladenbrot-Pizza nach Belieben mit Kräuterblättchen bestreuen und in Stücke schneiden.

Servieren Sie einen Tomatensalat (siehe Seite 39) dazu.

Für eine Fladenbrot-Pizza mit Hähnchenstreifen (Pro Portion: etwa 1,65 €) statt des Thüringer Metts 250 g Hähnchenbrustfilet unter fließendem kalten Wasser abspülen, trocken tupfen. Hähnchenbrust in dünne Streifen schneiden und unter Rühren in 2 Esslöffeln erhitztem Olivenöl anbraten. Hähnchenstreifen mit Salz, Pfeffer und Paprikapulver edelsüß würzen, abkühlen lassen und statt des Metts auf dem Fladenbrot verteilen. Das Fladenbrot wie im Rezept beschrieben mit den übrigen Zutaten belegen und wie im Rezept angegeben backen.

Pro Portion etwa
1,45 €

Etwas Besonderes

Geflügelauflauf mit Camembert-Haube

750 g vorwiegend festkochende Kartoffeln • 2 Stangen Porree (Lauch, etwa 600 g) • 250 ml (¼ l) Gemüsebrühe • 200 g Schlagsahne • Salz • frisch gemahlener Pfeffer • 1 Lorbeerblatt • 600 g Hähnchenbrustfilet • 2 EL Sonnenblumenöl • 200 g Camembert (mind. 45 % Fett)

1 Kartoffeln schälen, abspülen, abtropfen lassen und in nicht zu dünne Scheiben schneiden. Porree putzen, längs halbieren, gründlich waschen, abtropfen lassen und in Streifen schneiden. Brühe mit Sahne, Salz, Pfeffer und Lorbeerblatt in einem Topf aufkochen lassen.

2 Kartoffeln dazugeben und zugedeckt bei schwacher Hitze etwa 5 Minuten köcheln lassen. Porree dazugeben, vorsichtig untermischen und alles weitere 5 Minuten köcheln lassen.

3 Den Backofen vorheizen.
Ober-/Unterhitze: etwa 200 °C
Heißluft: etwa 180 °C

4 Hähnchenfilets unter fließendem kalten Wasser abspülen, trocken tupfen und mit Salz und Pfeffer einreiben. Öl in einer Pfanne erhitzen. Die Filets darin unter Wenden etwa 10 Minuten braten.

5 Sahne-Lauch-Kartoffeln in eine große Auflaufform (gefettet) geben. Filets daraufsetzen. Käse in Scheiben schneiden oder würfeln und auf den Zutaten verteilen. Die Form auf dem Rost auf mittlerer Einschubleiste in den vorgeheizten Backofen schieben. Den Auflauf 10–12 Minuten garen.

Etwa 150 g Preiselbeeren aus dem Glas (etwa 1,- €) zum Auflauf servieren oder vor dem Servieren in Häufchen auf dem Auflauf verteilen.

Zubereitungszeit: 40 Minuten • Garzeit: 10–12 Minuten
4 Portionen • Pro Portion: E: 52 g, F: 31 g, Kh: 27 g, kJ: 2548, kcal: 609, BE: 2,0

Pro Portion etwa
1,70 €

Frische trifft Vorrat

Farfalle-Gratin mit Spinat

300 g TK-Blattspinat • 2½ l Wasser • 2½ gestr. TL Salz • 250 g Farfalle (Schmetterlingsnudeln) • 200 g gekochter Schinken • 2 Fleischtomaten • Salz • frisch gemahlener Pfeffer • frisch geriebene Muskatnuss • 250 g Schlagsahne • 50 g geriebener Käse, z. B. Gouda

Zubereitungszeit: 35 Minuten • Garzeit: etwa 25 Minuten

4 Portionen • Pro Portion: E: 26 g, F: 27 g, Kh: 48 g, kJ: 2325, kcal: 556, BE: 4,0

1 Spinat nach Packungsanleitung auftauen.

2 Wasser in einem großen Topf zugedeckt zum Kochen bringen. Dann Salz und Nudeln hinzugeben. Die Nudeln im geöffneten Topf bei mittlerer Hitze nach Packungsanleitung kochen lassen, dabei gelegentlich umrühren.

3 Anschließend die Nudeln in ein Sieb geben, mit heißem Wasser abspülen und abtropfen lassen.

4 Den Backofen vorheizen.
Ober-/Unterhitze: etwa 200 °C
Heißluft: etwa 180 °C

5 Schinken in Streifen schneiden. Tomaten abspülen, abtropfen lassen, kreuzweise einschneiden, kurz in kochendes Wasser legen und in kaltem Wasser abschrecken. Tomaten enthäuten, halbieren, entkernen und die Stängelansätze herausschneiden. Tomatenhälften in Würfel schneiden.

6 Spinat mit Nudeln, Schinkenstreifen und Tomatenwürfeln vermengen und in eine große Gratinform (gefettet) oder in 4 kleine Gratinförmchen (gefettet) geben. Das Ganze mit Salz, Pfeffer und Muskat würzen. Sahne darauf verteilen und Käse daraufstreuen.

7 Die Form oder Förmchen auf dem Rost auf mittlerer Einschubleiste in den vorgeheizten Backofen schieben. Gratin etwa 25 Minuten garen.

Beim Kauf von TK-Gemüse erweisen sich die großen Packungen meist als preisgünstiger. Aus den großen Packungen die Menge entnehmen, die man zum Kochen braucht. Die angebrochene Packung wieder gut verschließen und zurück in den Gefrierschrank legen.

Pro Portion etwa
1,35 €

Gelingt jedem

Ravioli-Käse-Auflauf

2 Dosen Ravioli in Tomatensauce (je 800 g) • 1 Bund Frühlingszwiebeln • 20 g Speisestärke • 200 g geriebener Emmentaler-Käse

1 Den Backofen vorheizen.
Ober-/Unterhitze: etwa 200 °C
Heißluft: etwa 180 °C

2 Ravioli in einem Sieb abtropfen lassen, dabei die Tomatensauce auffangen. Frühlingszwiebeln putzen, abspülen, abtropfen lassen und in Scheiben schneiden.

3 Speisestärke unter die Tomatensauce rühren. Dabei darauf achten, dass keine Klümpchen entstehen. Die Hälfte des Käses und zwei Drittel der Frühlingszwiebelscheiben unterrühren.

4 Ravioli in einer Auflaufform (gefettet, etwa 20 x 30 cm, Inhalt etwa 2,5 l) verteilen. Angerührte Tomatensauce gleichmäßig daraufgießen und restlichen Käse daraufstreuen. Die Form auf dem Rost auf mittlerer Einschubleiste in den vorgeheizten Backofen schieben. Den Ravioli-Käse-Auflauf etwa 40 Minuten garen.

5 Den Auflauf aus dem Backofen nehmen, etwas abkühlen lassen und servieren.

Statt der Dosen-Ravioli können Sie frische Käse-Tortellini (1 kg) aus dem Kühlregal verwenden, und 600 ml Tomatensauce mit Kräutern, wie im Rezept beschrieben mitverarbeiten (Pro Portion: etwa 1,80 €).

Zubereitungszeit: 15 Minuten • Garzeit: etwa 40 Minuten
4 Portionen • Pro Portion: E: 23 g, F: 22 g, Kh: 70 g, kJ: 2412, kcal: 573, BE: 5,5

Pro Portion etwa
1,20 €

Einfach – deftig

Schupfnudeln mit Sauerkraut

1 große Zwiebel • 3 EL Sonnenblumenöl • 2 TL Zucker • 1 Dose Sauerkraut (Einwaage 810 g) • 1 Lorbeerblatt • 4 Wacholderbeeren • 1 TL Instant-Gemüsebrühe • Salz • frisch gemahlener Pfeffer • 4 Mettenden (etwa 300 g) • 500 g Schupfnudeln (aus dem Kühlregal) • 25 g Semmelbrösel • 40 g Butter

Zubereitungszeit: 30 Minuten • Garzeit: etwa 35 Minuten
4 Portionen • Pro Portion: E: 19 g, F: 45 g, Kh: 56 g, kJ: 2963, kcal: 711, BE: 4,5

1 Zwiebel abziehen und in kleine Würfel schneiden. Öl in einer großen Pfanne erhitzen. Die Zwiebelwürfel darin andünsten. Zucker hinzugeben und karamellisieren lassen.

2 Sauerkraut, Lorbeerblatt, Wacholderbeeren und Gemüsebrühe ebenfalls in die Pfanne geben, mit Salz und Pfeffer würzen. Die Zutaten etwa 10 Minuten ohne Deckel garen lassen.

3 Den Backofen vorheizen.
Ober-/Unterhitze: etwa 200 °C
Heißluft: etwa 180 °C

4 Die Mettenden in Scheiben schneiden und mit dem Sauerkraut vermischen. Schupfnudeln in eine große, flache Auflaufform (gefettet) geben. Die Sauerkraut-Mettenden-Mischung darauf verteilen.

5 Den Auflauf mit Semmelbröseln bestreuen. Butter in kleinen Flöckchen daraufsetzen. Die Form auf dem Rost auf mittlerer Einschubleiste in den vorgeheizten Backofen schieben. Den Auflauf etwa 25 Minuten garen.

Für Schupfnudeln mit Gemüse (Pro Portion: etwa 1,05 €) 500 g Paprikaschoten halbieren, entstielen, entkernen und die weißen Scheidewände entfernen. Schoten abspülen, abtropfen lassen und in Streifen schneiden. 250 g Zucchini abspülen, abtrocknen und die Enden abschneiden. Zucchini längs halbieren und in dünne Scheiben schneiden. Je eine Zwiebel und Knoblauchzehe abziehen, fein würfeln. 3–4 Esslöffel Sonnenblumenöl in einer großen Pfanne erhitzen. Gemüse darin andünsten, mit Salz und Pfeffer würzen. 500 g Schupfnudeln (aus dem Kühlregal) hinzufügen. Das Ganze unter Rühren 5–7 Minuten bei mittlerer Hitze braten, mit Salz und Pfeffer abschmecken. Nach Belieben 1 Esslöffel gehackte Petersilie unterrühren.

Pro Portion etwa
1,30 €

Gut vorzubereiten

Kartoffelauflauf

1 kg festkochende Kartoffeln • 200 g gekochter Schinken • Salz • frisch gemahlener Pfeffer • 100 ml Gemüsebrühe • 150 g saure Sahne • 3 Eier (Größe M) • geriebene Muskatnuss • 100 g geriebener Gouda-Käse • 40 g Butter • nach Belieben einige Basilikumblättchen zum Garnieren

1 Kartoffeln gründlich waschen. Kartoffeln mit Wasser bedeckt in einem Topf zum Kochen bringen, in etwa 25 Minuten gar kochen. Kartoffeln abgießen, mit kaltem Wasser abschrecken, etwas abkühlen lassen und pellen.

2 Den Backofen vorheizen.
Ober-/Unterhitze: etwa 200 °C
Heißluft: etwa 180 °C

3 Schinken in Würfel schneiden. Kartoffeln in gleich große Scheiben schneiden.

4 Kartoffelscheiben und Schinkenwürfel abwechselnd in eine große, flache Auflaufform (gefettet) schichten. Dabei die Kartoffellagen mit Salz und Pfeffer bestreuen. Die letzte Schicht sollten Kartoffelscheiben sein.

5 Die Brühe mit saurer Sahne und Eiern verschlagen, mit Salz, Pfeffer und Muskat würzen.

6 Eiermasse auf den Auflauf gießen. Auflauf mit Käse bestreuen. Butter in Flöckchen daraufsetzen. Die Auflaufform auf dem Rost auf mittlerer Einschubleiste in den vorgeheizten Backofen schieben. Den Auflauf etwa 30 Minuten garen.

7 Nach Belieben Basilikumblättchen abspülen, trocken tupfen und den Auflauf damit garnieren.

Sie können die Kartoffeln bereits am Vortag kochen. Schneiden Sie die Kartoffeln am Zubereitungstag und schichten sie dann erst ein.

Zubereitungszeit: 20 Minuten • Garzeit: etwa 55 Minuten
4 Portionen • Pro Portion: E: 29 g, F: 27 g, Kh: 35 g, kJ: 2123, kcal: 507, BE: 3,0

Pro Portion etwa
1,20 €

Bei Kindern beliebt

Makkaroni-Schinken-Auflauf

250 g Makkaroni • 2½ l Wasser • 2½ gestr. TL Salz • 200 g gekochter Schinken • 60 g geriebener Käse, z. B. Gouda • 2 Eier (Größe M) • 250 ml (¼ l) Milch • Salz • frisch gemahlener Pfeffer • frisch geriebene Muskatnuss • 2 EL Semmelbrösel • 20 g Butter

Zubereitungszeit: 20 Minuten • Garzeit: etwa 40 Minuten

4 Portionen • Pro Portion: E: 29 g, F: 17 g, Kh: 51 g, kJ: 2021, kcal: 483, BE: 4,0

1 Makkaroni in mundgerechte Stücke brechen. Wasser in einem großen Topf zugedeckt zum Kochen bringen. Dann Salz und Makkaroni hinzugeben. Die Makkaroni im geöffneten Topf bei mittlerer Hitze nach Packungsanleitung kochen lassen, dabei gelegentlich umrühren.

2 Den Backofen vorheizen.
Ober-/Unterhitze: etwa 200 °C
Heißluft: etwa 180 °C

3 Anschließend die Makkaroni in ein Sieb geben, mit heißem Wasser abspülen und abtropfen lassen.

4 Schinken würfeln. Makkaroni, Schinkenwürfel und Käse abwechselnd lagenweise in eine große, flache Auflaufform (gefettet) schichten.

5 Eier mit Milch verschlagen, mit Salz, Pfeffer und Muskat würzen. Den Auflauf mit der Eiermilch übergießen und mit Semmelbröseln bestreuen. Butter in Flöckchen daraufsetzen.

6 Die Form auf dem Rost auf mittlerer Einschubleiste in den vorgeheizten Backofen schieben. Den Auflauf etwa 40 Minuten garen.

Zusätzlich können Sie noch einen grünen Salat (siehe Seite 42) dazureichen, dann reicht es auch für fünf.

Anstelle des gekochten Schinkens 250 g in 2 Esslöffeln Sonnenblumenöl halb gar gedünstete Pilze (Pro Portion: etwa 0,60 €) oder 400 g in Scheiben geschnittene Tomaten und 4 in Scheiben geschnittene hart gekochte Eier einschichten (Pro Portion: etwa 0,75 €).

Pro Portion etwa
0,90 €

Raffiniert – rustikal

Maultaschen-Sauerkraut-Auflauf

1 Zwiebel • 1 rote Paprikaschote (etwa 150 g) • 2 EL Sonnenblumenöl • 1 Dose Weinsauerkraut (Abtropfgewicht 810 g) • 1 EL gehackte Rosmarinnadeln • Salz • frisch gemahlener Pfeffer • 600 g Schwäbische Maultaschen (mit Fleischfüllung, aus dem Kühlregal) • 300 g saure Sahne • 200 g geriebener Gouda-Käse • 1 TL Paprikapulver edelsüß

1 Zwiebel abziehen und in kleine Würfel schneiden. Paprikaschote halbieren, entstielen, entkernen und die weißen Scheidewände entfernen. Schotenhälften abspülen, trocken tupfen und in Streifen schneiden.

2 Öl in einem Topf erhitzen. Zwiebelwürfel und Paprikastreifen darin andünsten. Sauerkraut mit der Flüssigkeit und Rosmarin hinzugeben, etwa 5 Minuten mitdünsten.

3 Den Backofen vorheizen.
Ober-/Unterhitze: etwa 180 °C
Heißluft: etwa 160 °C

4 Sauerkraut mit Salz und Pfeffer würzen. Maultaschen aus der Packung nehmen, auf das Sauerkraut legen und zugedeckt 1–2 Minuten garen. Den Deckel abnehmen. Sauerkraut so lange weiterdünsten lassen, bis fast keine Flüssigkeit mehr vorhanden ist. Die Sauerkraut-Maultaschen-Masse in eine große, flache Auflaufform (gefettet) geben.

5 Für den Guss saure Sahne und Käse mit einem Schneebesen verrühren, mit Paprika, Salz und Pfeffer würzen. Den Guss gleichmäßig auf der Sauerkraut-Maultaschen-Masse verteilen.

6 Die Form auf dem Rost auf mittlerer Einschubleiste in den vorgeheizten Backofen schieben. Den Auflauf etwa 30 Minuten garen.

Zubereitungszeit: 30 Minuten • Garzeit: etwa 30 Minuten
4–6 Portionen • Pro Portion: E: 25 g, F: 34 g, Kh: 40 g, kJ: 2365, kcal: 565, BE: 3,0

Pro Portion etwa
1,25 €

Herzhaft – deftig

Weißkohl-Mett-Lasagne

1 Weißkohl (etwa 1,2 kg) • 1–2 TL Salz • 500 g Kartoffeln • 2 Zwiebeln • 1 rote Paprikaschote • 150 g geräucherter Bauchspeck • 500 g gewürztes Schweinemett • 3 Eier (Größe M) • 200 g Schlagsahne • Salz • frisch gemahlener Pfeffer • Kümmelsamen • 125 g Mozzarella-Käse

Zubereitungszeit: 35 Minuten • Garzeit: 50–60 Minuten
6 Portionen • Pro Portion: E: 31 g, F: 43 g, Kh: 20 g, kJ: 2490, kcal: 595, BE: 1,0

1 Weißkohl putzen, vierteln und den Strunk herausschneiden. Den Kohl abspülen und abtropfen lassen. Wasser in einem großen Topf zum Kochen bringen. Salz hinzufügen.

2 Die Weißkohlviertel nacheinander darin blanchieren, bis die äußeren Blätter sich lösen. Dann in ein Sieb geben, mit kaltem Wasser abschrecken und abtropfen lassen. Einige Kohlblätter ablösen und beiseitelegen.

3 Den Backofen vorheizen.
Ober-/Unterhitze: etwa 200 °C
Heißluft: etwa 180 °C

4 Kartoffeln schälen, abspülen, abtropfen lassen und in dünne Scheiben schneiden. Zwiebeln abziehen und in kleine Würfel schneiden. Paprika halbieren, entstielen, entkernen und die weißen Scheidewände entfernen. Die Schote abspülen, abtropfen lassen und in Würfel schneiden.

5 Speck zuerst in dünne Scheiben, dann in Streifen schneiden. Speckstreifen mit den Kartoffelscheiben in eine große, flache Auflaufform (gefettet) geben. Kohlviertel darauf verteilen. Schweinemett und Zwiebelwürfel darauf verteilen, mit den beiseite gelegten Kohlblättern zudecken, fest andrücken. Paprikawürfel streifenförmig auf die Lasagne streuen.

6 Eier mit der Sahne verschlagen, mit Salz und Pfeffer würzen und auf die Lasagne gießen, mit Kümmel bestreuen. Mozzarella abtropfen lassen, in Scheiben schneiden und auf den Paprikawürfeln verteilen. Die Form auf dem Rost im unteren Drittel in den vorgeheizten Backofen schieben. Die Lasagne 50–60 Minuten garen.

Pro Portion etwa
1,10 €

Klassisch

Salzkartoffeln

1 kg Kartoffeln • 1 TL Salz

Zubereitungszeit: 15 Minuten • Garzeit: 15–20 Minuten • 4 Portionen
Pro Portion: E: 4 g, F: 0 g, Kh: 30 g, kJ: 596, kcal: 142, BE: 2,5

1 Kartoffeln schälen, evtl. schlechte Stellen entfernen. Kartoffeln abspülen und abtropfen lassen. Größere Kartoffeln ein- oder zweimal durchschneiden.

2 Kartoffeln in einen Topf geben und so viel Wasser hinzugießen, dass die Kartoffeln knapp bedeckt sind. Die Kartoffeln zugedeckt zum Kochen bringen. Salz hinzufügen. Die Kartoffeln in 20–25 Minuten gar kochen.

3 Kartoffeln abgießen. Kartoffeln im offenen Topf unter leichtem Schütteln abdämpfen.

Salzkartoffeln passen gut zu Fleisch- und Fischgerichten mit Sauce.

Für Petersilienkartoffeln (Pro Portion: etwa 0,30 €) die Kartoffeln wie die Salzkartoffeln zubereiten und in 20–30 g zerlassener Butter und 3 Esslöffeln gehackter Petersilie (etwa 1 Bund) schwenken.

Beliebt

Kartoffel-Wedges

1 kg vorwiegend festkochende mittelgroße Kartoffeln • Salz • frisch gemahlener Pfeffer • 5 EL Olivenöl • 1½ TL Kräuter der Provence

1 Den Backofen vorheizen.
Ober-/Unterhitze: etwa 180 °C
Heißluft: etwa 160 °C

2 Kartoffeln unter fließendem Wasser gründlich abspülen bzw. abbürsten und abtropfen lassen. Kartoffeln längs vierteln, mit Salz und Pfeffer würzen. Öl zuerst mit den Kräutern, dann mit den Kartoffeln gründlich vermischen. Die Kartoffeln auf einem Backblech verteilen.

3 Das Backblech auf mittlerer Einschubleiste in den Backofen schieben. Die Kartoffeln etwa 35 Minuten garen. Dabei die Kartoffel-Wedges 2–3-mal wenden, damit sie rundherum gleichmäßig braun werden.

+ Die Kartoffel-Wedges zu kurz gebratenem Fleisch oder gegrilltem Fisch servieren. Oder einfach einen Kräuterquark (400 g, etwa 0,70 €) oder Tsatsiki (500 g, etwa 1,50 €) dazureichen.

Zubereitungszeit: 15 Minuten • Garzeit: etwa 35 Minuten • 4 Portionen
Pro Portion: E: 4 g, F: 13 g, Kh: 30 g, kJ: 1062, kcal: 253, BE: 2,5

Für Kinder

Pro Portion etwa 0,30 €

Kartoffelpüree

1 kg mehligkochende Kartoffeln • Salz • etwa 250 ml (¼ l) Milch • 50 g Butter • geriebene Muskatnuss

1 Kartoffeln schälen, abspülen, abtropfen lassen und in Stücke schneiden. Kartoffelstücke in einen Topf geben und so viel Wasser hinzugießen, dass die Kartoffeln knapp bedeckt sind. Kartoffelstücke zugedeckt zum Kochen bringen. Salz hinzufügen. Die Kartoffeln in 15–20 Minuten gar kochen.

2 Kartoffeln abgießen und sofort mit einem Stampfer oder in einer Kartoffelpresse zerdrücken.

3 Milch in einem kleinen Topf erhitzen. Die heiße Milch nach und nach mit einem Schneebesen oder Kochlöffel unter die Kartoffelmasse rühren (je nach Beschaffenheit der Kartoffeln kann die Milchmenge etwas variieren).

4 Püree bei schwacher Hitze mit einem Schneebesen rühren, bis eine lockere, einheitliche Masse entstanden ist. Butter unterrühren. Das Püree mit wenig Salz und Muskat abschmecken.

Die Kartoffeln nicht mit einem Handrührgerät verrühren oder einem Pürierstab pürieren, sonst wird das Püree zäh!

Schlagsahne statt Milch verwenden, dann aber auf die Butter verzichten (Pro Portion: etwa 0,40 €). Oder die Butter durch 100 g durchwachsenen Speck ersetzen. Dafür den Speck würfeln, in einer Pfanne ausbraten und zum Schluss unter das Püree rühren (Pro Portion: etwa 0,40 €).

Kartoffelpüree mit Knoblauch und Kräutern (Pro Portion: etwa 0,40 €). Dafür zusätzlich 1–2 Knoblauchzehen abziehen und hacken. Butter zerlassen. Knoblauch darin bei schwacher Hitze etwa 5 Minuten dünsten. Knoblauch und Butter mit 2 Esslöffeln gehackter Petersilie und 1 Esslöffel Schnittlauchröllchen zum Schluss unter das Püree rühren.

Kartoffelpüree mit gebräunten Zwiebelringen (Foto). Dafür 3–4 abgezogene, in dünne Scheiben geschnittene Zwiebeln in einer Pfanne mit 4 Esslöffeln Sonnenblumenöl anbraten. Nach Belieben noch etwas gehackte Petersilie auf das Püree streuen.

Zubereitungszeit: etwa 35 Minuten • Garzeit: 15–20 Minuten
4 Portionen • Pro Portion: E: 6 g, F: 13 g, Kh: 33 g, kJ: 1162, kcal: 277, BE: 3,0

Pro Portion etwa 0,40 €

Klassisch

Kartoffel-Mayo-Salat

750 g gegarte Pellkartoffeln • 2 Zwiebeln • 200 g Gewürzgurken • 3 hart gekochte Eier

Für die Salatsauce: 200 g Salatmayonnaise • 3 EL Gurkenflüssigkeit (von den Gewürzgurken) • 1 Prise Zucker • Salz • frisch gemahlener Pfeffer

Zubereitungszeit: 20 Minuten, ohne Durchziehzeit • 4 Portionen
Pro Portion: E: 10 g, F: 30 g, Kh: 32 g, kJ: 1854, kcal: 446, BE: 2,5

1 Kartoffeln pellen und in Scheiben schneiden. Zwiebeln abziehen und in kleine Würfel schneiden. Gurken abtropfen lassen und in dünne Scheiben schneiden. Eier pellen und in Scheiben schneiden. Zwiebelwürfel, Eier- und Gurkenscheiben mit den Kartoffelscheiben vermengen.

2 Für die Salatsauce Mayonnaise mit Gurkenflüssigkeit verrühren, mit Zucker, Salz und Pfeffer abschmecken. Sauce mit den Salatzutaten vermengen, zugedeckt im Kühlschrank etwa 30 Minuten durchziehen lassen. Salat vor dem Servieren nochmals mit Salz und Pfeffer abschmecken.

Sie können den Kartoffelsalat bereits am Vortag zubereiten und zugedeckt in den Kühlschrank stellen.

Einfach und beliebt

Warmer Kartoffelsalat

1 kg festkochende Kartoffeln • 2 Zwiebeln • 75 g fetter Speck • 125 ml (1/8 l) Gemüsebrühe • 4–5 EL Kräuteressig • Salz • frisch gemahlener Pfeffer • Zucker • 2 EL Schnittlauchröllchen

1 Die Kartoffeln unter fließendem Wasser abbürsten und abtropfen lassen. Kartoffeln knapp mit Wasser bedeckt zum Kochen bringen und zugedeckt in 20–25 Minuten gar kochen.

2 Zwiebeln abziehen. Zwiebeln und Speck fein würfeln. Eine große Pfanne ohne Fett erhitzen. Speckwürfel darin ausbraten. Ausgebratene Speckgrieben mit einer Schaumkelle aus der Pfanne nehmen und beiseitestellen.

3 Zwiebelwürfel und Brühe in die Pfanne geben, kurz aufkochen lassen. Essig unterrühren. Die Marinade mit Salz, Pfeffer und Zucker abschmecken.

4 Die garen Kartoffeln abgießen, mit kaltem Wasser abschrecken, abtropfen lassen, sofort pellen, in Scheiben schneiden und in die Pfanne geben. Marinade mit den Kartoffeln vermengen und einige Minuten auf der ausgeschalteten Kochstelle ziehen lassen.

5 Salat nochmals mit Salz, Pfeffer und Essig abschmecken, mit beiseite gestellten Speckgrieben und Schnittlauchröllchen bestreut servieren.

Zubereitungszeit: 25 Minuten, ohne Durchziehzeit • Garzeit: 20–25 Minuten
4 Portionen • Pro Portion: E: 6 g, F: 17 g, Kh: 35 g, kJ: 1354, kcal: 323, BE: 3,0

Beliebt

Kartoffelgratin

1 Knoblauchzehe • 800 g festkochende Kartoffeln • Salz • frisch gemahlener Pfeffer • geriebene Muskatnuss • 125 ml (1/8 l) Milch • 125 g Schlagsahne • 2 EL geriebener Parmesan-Käse

Zubereitungszeit: 40 Minuten • Garzeit: 45–55 Minuten • 4 Portionen
Pro Portion: E: 7 g, F: 16 g, Kh: 26 g, kJ: 1189, kcal: 284, BE: 2,0

1 Den Backofen vorheizen.
Ober-/Unterhitze: etwa 200 °C
Heißluft: etwa 180 °C

2 Knoblauch abziehen, durchschneiden und eine Auflaufform (gefettet, etwa 2,5 l Inhalt) damit ausreiben. Kartoffeln schälen, abspülen, trocken tupfen und in dünne Scheiben schneiden.

3 Die Kartoffelscheiben dachziegelartig in die Auflaufform schichten. Die Kartoffelscheiben kräftig mit Salz, Pfeffer und Muskat würzen.

4 Milch mit Sahne verrühren und auf die Kartoffelscheiben gießen. Käse daraufstreuen. Die Form auf dem Rost auf mittlerer Einschubleiste in den vorgeheizten Backofen schieben. Das Gratin 45–55 Minuten garen, bis es schön goldbraun ist.

Das Gratin kann auch in Portionsformen zubereitet werden. Die Garzeit verringert sich dann auf 40–45 Minuten. Das Gratin passt perfekt zu saucenlosen Fleisch-, Fisch- oder Gemüsegerichten.

Beliebt

Bratkartoffeln

1 kg festkochende Kartoffeln • 2 große Zwiebeln • 6 EL Speiseöl, z. B. Sonnenblumenöl • 100 g gewürfelter, durchwachsener Speck • Salz • frisch gemahlener Pfeffer

1 Kartoffeln unter fließendem Wasser abbürsten und abtropfen lassen. Kartoffeln knapp mit Wasser bedeckt zum Kochen bringen und zugedeckt in 20–25 Minuten gar kochen.

2 Kartoffeln abgießen, mit kaltem Wasser abschrecken, nochmals abgießen, abtropfen lassen. Kartoffeln noch warm pellen. Zwiebeln abziehen und klein würfeln. Kartoffeln in etwa 5 mm dicke Scheiben schneiden.

3 Öl in einer großen Pfanne zerlassen. Speck darin anbraten. Kartoffelscheiben hinzugeben, mit Salz und Pfeffer bestreuen. Die Kartoffeln in 10 Minuten bei mittlerer Hitze unter gelegentlichem Wenden goldbraun braten. Zwiebeln hinzufügen. Das Ganze weitere 5–10 Minuten braten.

Am besten die Kartoffeln bereits am Vortag kochen. Durch etwas Paprikapulver erhalten die Kartoffeln eine appetitliche Farbe.

Zubereitungszeit: 15 Minuten • Garzeit: 35–45 Minuten • 4 Portionen
Pro Portion: E: 9 g, F: 22 g, Kh: 35 g, kJ: 1587, kcal: 379, BE: 3,0

Klassisch

Gedünsteter Reis

1 Zwiebel • 20 g Butter oder Margarine • 300 g Langkornreis • 600 ml warme Gemüsebrühe • etwas Salz

1 Zwiebel abziehen und in kleine Würfel schneiden.

2 Butter oder Margarine in einem Topf zerlassen. Zwiebelwürfel und Reis darin andünsten. Brühe hinzugießen, zum Kochen bringen.

3 Den Reis bei schwacher Hitze zugedeckt 15–20 Minuten quellen lassen. Den garen Reis evtl. mit Salz abschmecken.

Den gedünsteten Reis als Beilage zu Fleisch- und Gemüsegerichten servieren oder für Reissalate verwenden.

Für Tomatenreis (im Foto unten, Pro Portion: etwa 0,80 €) den Reis wie oben angegeben zubereiten. In der Zwischenzeit 800 g Tomaten enthäuten. Dazu die Tomaten kreuzweise einschneiden, kurz mit kochendem Wasser übergießen, mit kaltem Wasser abschrecken und enthäuten. Tomaten halbieren und die Stängelansätze herausschneiden. Tomaten entkernen und in Würfel schneiden. 2 Knoblauchzehen und 1 Zwiebel abziehen und würfeln. 3 Esslöffel Sonnenblumenöl erhitzen. Knoblauch- und Zwiebelwürfel darin andünsten. Tomatenwürfel und 1 Teelöffel getrocknete Kräuter der Provence hinzugeben. Das Ganze bei schwacher Hitze zugedeckt etwa 5 Minuten dünsten. Tomatenmasse mit Salz, Pfeffer und etwas Zucker abschmecken, mit dem gedünsteten Reis vermischen. 50 g geriebenen Gouda und 1 Esslöffel gehackte Petersilie unterrühren.

Für Curryreis (im Foto oben, Pro Portion: etwa 0,25 €) Zwiebelwürfel und Reis wie oben angegeben andünsten. 1 Esslöffel Currypulver daraufstreuen und kurz mitdünsten lassen. Dann Brühe hinzugießen. Reis wie angegeben garen.

Zubereitungszeit: 10 Minuten • Garzeit: 15–20 Minuten
4 Portionen • Pro Portion: E: 6 g, F: 5 g, Kh: 59 g, kJ: 1287, kcal: 308, BE: 5,0

Pro Portion etwa
0,20 €

Schnell

Spaghetti

Pro Portion etwa **0,06 €**

2½ l Wasser • 2½ TL Salz • 250 g Spaghetti oder andere getrocknete Nudeln

Zubereitungszeit: 25 Minuten • 4 Portionen
Pro Portion: E: 8 g, F: 1 g, Kh: 44 g, kJ: 909, kcal: 218, BE: 3,5

1 Wasser in einem großen Topf zugedeckt zum Kochen bringen. Salz und Spaghetti zugeben. Die Spaghetti nach Packungsanleitung ohne Deckel bei mittlerer Hitze bissfest gar kochen, dabei gelegentlich umrühren. Anschließend die Spaghetti in ein Sieb geben, mit heißem Wasser abspülen und abtropfen lassen.

250 g getrocknete Nudeln reichen für 4 Portionen als Beilage, zum Sattessen sollten Sie 400–500 g Nudeln zubereiten.
Pro 100 g Nudeln benötigt man 1 Liter Wasser, pro Liter Wasser wird jeweils 1 Teelöffel Salz zugegeben. Ab einer Nudelmenge von 500 g evtl. 2 Töpfe verwenden.

Für Spaghetti mit Tomatensauce (Foto) für die Tomatensauce je 1 fein gewürfelte Zwiebel und Knoblauchzehe in etwa 2 Esslöffeln Olivenöl in einem Topf andünsten. 1 Esslöffel Tomatenmark unterrühren. 2 Dosen stückige Tomaten (je 400 g) mit dem Saft hinzugießen. 1 Lorbeerblatt und 1 Teelöffel Kräuter der Provence unterrühren. Die Sauce bei mittlerer Hitze zugedeckt etwa 15 Minuten unter gelegentlichem Rühren kochen lassen. Die Sauce dann mit Salz, Pfeffer und evtl. einer Prise Zucker abschmecken. In der Zwischenzeit 400–500 g Spaghetti wie im Rezept beschrieben garen und abtropfen lassen. Spaghetti mit der Tomatensauce und etwa 40 g geriebenen Parmesan-Käse servieren.

Für Spaghetti Bolognese (Pro Portion: etwa 0,85 €) für die Sauce je 1 Zwiebel und Knoblauchzehe abziehen, fein würfeln. 2 Möhren putzen. 100 g Knollensellerie und die Möhren schälen, abspülen, abtropfen lassen und würfeln. 2 Esslöffel Olivenöl in einem Topf erhitzen. Zuerst die Zwiebel- und Knoblauchwürfel, dann die Möhren- und Selleriewürfel darin andünsten. 250 g Rindergehacktes hinzufügen, anbraten, dabei umrühren und die Klümpchen mit einer Gabel zerdrücken. Geschälte Tomaten aus der Dose (Füllmenge 800 g) zerkleinern, mit dem Saft und 2 Esslöffeln Tomatenmark in den Topf geben. Alles mit Salz, Pfeffer und etwas Oregano würzen. Sauce zum Kochen bringen und bei schwacher Hitze etwa 15 Minuten ohne Deckel leicht kochen, dabei ab und zu umrühren. Inzwischen 400–500 g Spaghetti wie im Rezept beschrieben zubereiten und mit der Sauce servieren.

Preiswert

Spätzle

Pro Portion etwa 0,15 €

2½ l Wasser • 2½ TL Salz • 250 g getrocknete Spätzle • 40 g Butter

1 Wasser in einem großen Topf zugedeckt zum Kochen bringen. Dann Salz und Spätzle zufügen. Die Spätzle nach Packungsanleitung im geöffneten Topf bei mittlerer Hitze kochen, dabei gelegentlich umrühren.

2 Die gegarten Spätzle in ein Sieb geben und abtropfen lassen. Butter in einer Pfanne bräunen und die Spätzle darin schwenken.

Für geschmälzte Spätzle (Pro Portion: etwa 0,40 €) 30 g Butter zerlassen (schmälzen), mit 2 Esslöffeln Semmelbröseln verrühren und auf die Spätzle geben.

Zubereitungszeit: 25 Minuten • 4 Portionen
Pro Portion: E: 8 g, F: 10 g, Kh: 43 g, kJ: 1235, kcal: 295, BE: 3,5

Etwas aufwendiger

Überbackene Erbsen-Püree-Kartoffeln

8 große, festkochende Kartoffeln (je etwa 200 g)
Für die Füllung: 200 g TK-Erbsen • 50 ml Gemüsebrühe • 1 Pck. Kartoffelpüree (für 3 Portionen) • 375 ml (3/8 l) Wasser • 1/2 gestr. TL Salz • 125 ml (1/8 l) Milch • 2 EL gemischte TK-Kräuter • 125 g Magerquark • Salz • frisch gemahlener Pfeffer • frisch geriebene Muskatnuss
Zum Beträufeln und Bestreuen: 30 g Butter • 40 g geriebener Parmesan-Käse

Zubereitungszeit: 45 Minuten, ohne Abkühlzeit • Garzeit: 40–50 Minuten
4 Portionen • Pro Portion: E: 22 g, F: 12 g, Kh: 81 g, kJ: 2213, kcal: 530, BE: 7,0

1 Kartoffeln unter fließendem Wasser abbürsten, abtropfen lassen und in einen großen Topf geben. So viel Wasser hinzufügen, dass die Kartoffeln knapp mit Wasser bedeckt sind. Kartoffeln zum Kochen bringen.

2 Kartoffeln zugedeckt in 25–35 Minuten, je nach Größe der Kartoffeln, gar kochen. Kartoffeln abgießen, mit kaltem Wasser abschrecken, nochmals abgießen und etwas abkühlen lassen. Kartoffeln längs halbieren.

3 Den Backofen vorheizen.
Ober-/Unterhitze: etwa 200 °C
Heißluft: etwa 180 °C

4 Erbsen mit Brühe in einem kleinen Topf zum Kochen bringen und etwa 5 Minuten kochen lassen. Erbsen mit der Brühe in einen hohen Rührbecher geben und pürieren.

5 Kartoffelpüreepulver mit Wasser, Salz und Milch nach Packungsanleitung zubereiten. Kräuter, Quark und Erbsenpüree unterrühren. Die Masse mit Salz, Pfeffer und Muskat kräftig würzen, auf den Kartoffelhälften verteilen und mit einem Teelöffel leicht verstreichen. Die Kartoffeln auf ein Backblech (mit Backpapier belegt) legen.

6 Butter zerlassen. Die Püreemasse damit bestreichen. Käse daraufstreuen. Das Backblech auf mittlerer Einschubleiste in den vorgeheizten Backofen schieben. Die Kartoffeln etwa 15 Minuten überbacken.

Die Kartoffeln nach Belieben mit kleinen Rosmarinzweigen oder Petersilienblättchen garniert servieren. Sie können die Kartoffeln bis einschließlich Punkt 5 vorbereiten und zugedeckt kalt stellen. Dann die vorbereiteten Kartoffeln mit der zerlassenen Butter bestreichen und mit Käse bestreuen, im vorgeheizten Backofen (bei Ober-/Unterhitze: etwa 180 °C, Heißluft: etwa 160 °C) 30–40 Minuten überbacken.

Raffiniert einfach

Überbackene Nudelspieße

250 g Cocktailtomaten • 200 g Zucchini • 200 g kleine Champignons • 500 g Tortellini Formaggia (aus dem Kühlregal) • 2 Dosen stückige Tomaten (Einwaage je 400 g) • Salz • frisch gemahlener Pfeffer • 2 EL Olivenöl • 100 g frisch geriebener Parmesan-Käse • 1 EL gehacktes Basilikum
Außerdem: 8 Schaschlikspieße

Zubereitungszeit: 40 Minuten • Garzeit: etwa 25 Minuten
4 Portionen • Pro Portion: E: 27 g, F: 29 g, Kh: 66 g, kJ: 2654, kcal: 630, BE: 5,5

1 Den Backofen vorheizen.
Ober-/Unterhitze: etwa 200 °C
Heißluft: etwa 180 °C

2 Tomaten abspülen, abtrocknen und evtl. die Stängelansätze herausschneiden. Zucchini abspülen, abtrocknen und die Enden abschneiden. Zucchini in etwa 1 cm dicke Scheiben schneiden. Champignons putzen, mit Küchenpapier abreiben, evtl. abspülen und gut abtropfen lassen.

3 Abwechselnd Tortellini, Tomaten, Champignons und Zucchinischeiben auf die Holzspieße stecken (auf jeden Spieß mindestens 4 Tortellini). Stückige Tomaten in einer großen, flachen Auflaufform (gefettet) verteilen. Die Spieße darauflegen.

4 Restliche Tomaten, Zucchinischeiben und Champignons mit in die Form geben, mit Salz und Pfeffer würzen. Olivenöl daraufträufeln. Die Form auf dem Rost im unteren Drittel in den vorgeheizten Backofen schieben. Die Nudelspieße etwa 10 Minuten garen.

5 Dann die Backofentemperatur auf Ober-/Unterhitze etwa 180 °C, Heißluft etwa 160 °C herunterschalten. Käse auf die Nudelspieße streuen. Die Nudelspieße weitere etwa 15 Minuten garen. Dann die Nudelspieße mit Basilikum bestreut servieren.

Die Nudelspieße können auch am Vortag vorbereitet und zugedeckt in den Kühlschrank gestellt werden. Die Garzeit erhöht sich dann um etwa 10 Minuten. Sie können auch die Hälfte des Parmesan-Käses durch Gouda-Käse ersetzen, so wird es etwas preiswerter.

Pro Portion etwa
1,40 €

Kalorienarmer Genuss

Gemüseragout

600 g kleine, festkochende Kartoffeln • Wasser • 1 TL Salz • 4 Möhren (etwa 400 g) • 2 Kohlrabi (etwa 400 g) • 1 Salat- oder Schmorgurke (etwa 400 g) • 500 g grüner Spargel • 2–3 Stängel Dill • 2 Knoblauchzehen • 6 EL Olivenöl • 250 ml (¼ l) Gemüsebrühe • Salz • frisch gemahlener Pfeffer

Zubereitungszeit: 30 Minuten • Garzeit: 25–30 Minuten

4 Portionen • Pro Portion: E: 8 g, F: 16 g, Kh: 33 g, kJ: 1290, kcal: 308, BE: 2,0

1 Kartoffeln unter fließendem Wasser abbürsten und abtropfen lassen. Kartoffeln in einen Topf geben und so viel Wasser hinzufügen, dass die Kartoffeln knapp bedeckt sind. Kartoffeln zugedeckt zum Kochen bringen. Salz hinzugeben. Die Kartoffeln zugedeckt in etwa 15 Minuten gar kochen.

2 In der Zwischenzeit Möhren putzen, schälen, abspülen, abtropfen lassen und in Scheiben schneiden. Kohlrabi schälen, abspülen, abtropfen lassen und in Stifte schneiden. Gurke abspülen, trocken tupfen, längs halbieren und entkernen. Gurke in etwa 2 cm dicke Stücke schneiden.

3 Vom Spargel das untere Drittel schälen und die unteren Enden abschneiden. Spargelstangen je nach Größe halbieren oder dritteln.

4 Dill abspülen und trocken tupfen. Die Spitzen von den Stängeln zupfen. Einige Spitzen zum Garnieren beiseitelegen. Restliche Spitzen klein schneiden.

5 Die garen Kartoffeln abgießen, mit kaltem Wasser abschrecken und abtropfen lassen. Knoblauch abziehen und in kleine Würfel schneiden.

6 Jeweils etwas Olivenöl in einer Pfanne erhitzen. Die vorbereiteten Gemüsezutaten nacheinander darin andünsten und in einen großen Topf geben. Brühe hinzugießen. Das Gemüse mit Salz und Pfeffer würzen. Dill und Knoblauchwürfel unterrühren.

7 Die Zutaten zum Kochen bringen und zugedeckt bei schwacher Hitze 10–15 Minuten garen. Das Gemüse sollte noch etwas Biss haben. Das Gemüseragout mit Salz und Pfeffer abschmecken und mit den beiseite gelegten Dillstängeln garniert servieren.

+ Reichen Sie nach Belieben Baguette mit Kräuter-Knoblauch-Butter (100 g, etwa 1,20 €) dazu.

Pro Portion etwa
1,40 €

Fettarm

Nudel-Eier-Pfanne

2½ l Wasser • 2½ TL Salz • 250 g bunte Nudeln, z. B Spirelli • 2 rote Paprikaschoten • 1 grüne Paprikaschote • 2 Eier (Größe M) • 4 EL Milch • Salz • frisch gemahlener Pfeffer • Paprikapulver edelsüß • 1 EL Speiseöl, z. B. Sonnenblumenöl

Zubereitungszeit: 30 Minuten • 4 Portionen
Pro Portion: E: 13 g, F: 8 g, Kh: 50 g, kJ: 1379, kcal: 329, BE: 3,5

1 Wasser in einem großen Topf zugedeckt zum Kochen bringen. Salz und Nudeln zugeben. Nudeln im geöffneten Topf bei mittlerer Hitze nach Packungsanleitung bissfest kochen, ab und zu umrühren. Die Nudeln in ein Sieb geben, mit kaltem Wasser abspülen und abtropfen lassen.

2 In der Zwischenzeit Paprika halbieren, entstielen, entkernen und die weißen Scheidewände entfernen. Die Schoten abspülen, abtropfen lassen und in dünne Streifen schneiden. Eier mit Milch verschlagen, mit Salz, Pfeffer und Paprikapulver würzen.

3 Öl in einer großen, beschichteten Pfanne erhitzen. Paprikastreifen unter Rühren etwa 3 Minuten darin dünsten. Nudeln unterrühren und die Eiermilch gleichmäßig daraufgießen. Die Masse bei schwacher Hitze einige Minuten stocken lassen und anschließend sofort servieren.

Nach Belieben etwa 200 ml Tomatenketchup (Pro Portion: etwa 1,25 €) oder eine fertige Tomatensauce aus der Packung (etwa 300 ml, Pro Portion: etwa 1,40 €) dazureichen.

Beliebt

Käsespätzle

5 l Wasser • 5 TL Salz • 500 g getrocknete Spätzle • 200 g geriebener Emmentaler-Käse • 3 Zwiebeln • 50 g Butter • 1 EL Schnittlauchröllchen

1 Wasser in einem großen Topf zugedeckt zum Kochen bringen. Dann Salz und Spätzle zufügen. Die Spätzle nach Packungsanleitung im geöffneten Topf bei mittlerer Hitze kochen, dabei gelegentlich umrühren.

2 Den Backofen vorheizen.
Ober-/Unterhitze: etwa 200 °C
Heißluft: etwa 180 °C

3 Die gegarten Spätzle in einem Sieb abtropfen lassen, mit kaltem Wasser abschrecken und abtropfen lassen. Die Spätzle abwechselnd mit dem Käse in eine Auflaufform (gefettet) schichten (die oberste Schicht sollte aus Käse bestehen). Die Form auf dem Rost auf mittlerer Einschubleiste in den vorgeheizten Backofen schieben. Die Käsespätzle 15–20 Minuten backen.

4 Zwiebeln abziehen, in Scheiben schneiden, dann in Ringe teilen. Butter in einer Pfanne zerlassen. Die Zwiebelringe darin goldbraun braten. Die Käsespätzle mit Zwiebelringen und Schnittlauchröllchen bestreuen und servieren.

\+ Servieren Sie einen Tomatensalat (siehe Seite 39) dazu.

Zubereitungszeit: 30 Minuten • Garzeit: 15–20 Minuten • 4 Portionen
Pro Portion: E: 30 g, F: 30 g, Kh: 87 g, kJ: 3160, kcal: 755, BE: 7,0

Einfacher Klassiker

Eier mit Frankfurter Grüner Sauce

Für die Grüne Sauce: 50 g gehackte, gemischte TK-Kräuter • 200 g Schmand (Sauerrahm) • 150 g Joghurt • Salz • frisch gemahlener Pfeffer • etwas Zitronensaft • $1\frac{1}{2}$ l Wasser • 3–4 EL Kräuteressig • 8 Eier (Größe M)

Zubereitungszeit: 30 Minuten • 4 Portionen
Pro Portion: E: 16 g, F: 19 g, Kh: 3 g, kJ: 1043, kcal: 249, BE: 0,5

1 Für die Sauce Kräuter, Schmand und Joghurt in einem hohen Rührbecher fein pürieren. Die Sauce mit Salz, Pfeffer und Zitronensaft abschmecken.

2 Wasser in einem Topf zum Kochen bringen. Essig hinzufügen. Eier einzeln in einer Kelle aufschlagen, vorsichtig in das siedende (nicht sprudelnd kochende) Wasser gleiten lassen. Eiweiß sofort mit 2 Esslöffeln an das Eigelb schieben. Die Eier bei schwacher Hitze 3–4 Minuten ohne Deckel gar ziehen lassen (maximal 4 Eier auf einmal garen).

3 Die garen Eier mit einem Schaumlöffel herausnehmen, kurz in kaltes Wasser tauchen, abtropfen lassen und nach Belieben die Ränder glatt schneiden. Die pochierten Eier mit der Grünen Sauce anrichten.

+ Lecker schmecken Salzkartoffeln (siehe Seite 86) dazu.

Bei Kindern beliebt

Eier in Senfsauce

8 Eier • 25 g Butter • 20 g Weizenmehl • 125 ml (1/8 l) Gemüsebrühe • 250 g Schlagsahne • 1 EL mittelscharfer Senf • 1 EL körniger Senf • Salz • frisch gemahlener Pfeffer

1 Eier an der Unterseite einpicken, in kochendes Wasser geben und in etwa 8 Minuten hart kochen. Eier mit kaltem Wasser abschrecken, damit die Eier nicht nachgaren.

2 In der Zwischenzeit Butter in einem Topf zerlassen. Mehl dazugeben und unter Rühren so lange darin erhitzen, bis es goldgelb ist. Brühe und Sahne nach und nach unter Rühren mit dem Schneebesen hinzugeben, dabei darauf achten, dass keine Klümpchen entstehen.

3 Die Sauce zum Kochen bringen und unter Rühren 3–5 Minuten bei schwacher Hitze köcheln lassen. Beide Senfsorten unterrühren. Die Sauce mit Salz und Pfeffer würzen. Eier pellen, nach Belieben halbieren und kurz vor dem Servieren in die Sauce geben.

+ Servieren Sie dazu Petersilienkartoffeln (siehe Seite 86).

Zubereitungszeit: 20 Minuten • 4 Portionen
Pro Portion: E: 17 g, F: 38 g, Kh: 7 g, kJ: 1833, kcal: 438, BE: 0,5

Gut vorzubereiten

Gulasch vom Wirsingkohl

1 Kopf Wirsingkohl (etwa 1 kg) • 2 Bund Suppengrün (Möhren, Porree, Sellerie) • 600 g kleine, festkochende Kartoffeln • ½ Bund Thymian • 5 EL Sonnenblumenöl • 2 EL Zucker • 6 EL Balsamico-Essig • 500 ml (½ l) Gemüsebrühe • Kümmelsamen • Salz • frisch gemahlener Pfeffer

Zubereitungszeit: 25 Minuten • Garzeit: etwa 30 Minuten
4 Portionen • Pro Portion: E: 11 g, F: 14 g, Kh: 42 g, kJ: 1436, kcal: 343, BE: 2,5

1 Von dem Wirsing die groben äußeren Blätter lösen. Wirsing vierteln und den Strunk herausschneiden. Wirsing abspülen, abtropfen lassen und in Stücke schneiden. Suppengrün putzen, schälen, abspülen, abtropfen lassen und in kleine Würfel schneiden.

2 Kartoffeln schälen, abspülen, abtropfen lassen und in Würfel schneiden. Thymian abspülen und trocken tupfen. Einige Stängel zum Garnieren beiseite legen. Die Blättchen von den restlichen Stängeln zupfen.

3 Öl in einem Bräter oder großen Topf erhitzen. Das vorbereitete Gemüse und die Kartoffelwürfel in 2 Portionen etwa 5 Minuten darin andünsten. Zucker unterrühren und karamellisieren lassen.

4 Essig und Brühe hinzugießen. Die Hälfte der Thymianblättchen hinzugeben und mit Kümmelsamen, Salz und Pfeffer würzen. Die Zutaten zum Kochen bringen und zugedeckt bei schwacher Hitze etwa 30 Minuten garen.

5 Gulasch nochmals mit den Gewürzen abschmecken und restliche Thymianblättchen unterrühren. Gulasch mit den beiseite gelegten Thymianstängeln garnieren und servieren.

Wenn Sie möchten, können Sie das Gulasch mit etwas angerührter Speisestärke binden.
Sie können das Gulasch als nicht vegetarisches Gericht mit kleinen Hackfleischbällchen zubereiten. Dafür 500 g Bratwurstbrät (Pro Portion: etwa 2,- €) mit angefeuchteten Händen zu kleinen Bällchen formen, diese in kochendem Salzwasser etwa 5 Minuten garen, herausnehmen und zum Gulasch geben.

Pro Portion etwa
1,50 €

Einfach gut

Blechkartoffeln mit Kräuterquark

1 kg mittelgroße, festkochende Kartoffeln • 2–3 Knoblauchzehen • 3 Stängel Thymian • 2 Stängel Rosmarin • 5 EL Olivenöl • Salz • frisch gemahlener Pfeffer
Für den Kräuterquark: 500 g Magerquark • 200 g Schmand (Sauerrahm) • 1 EL gehackte, gemischte TK-Kräuter • Salz • frisch gemahlener Pfeffer

Zubereitungszeit: 20 Minuten, ohne Durchziehzeit • Garzeit: etwa 40 Minuten
4 Portionen • Pro Portion: E: 23 g, F: 25 g, Kh: 43 g, kJ: 2101, kcal: 501, BE: 3,5

1 Kartoffeln unter fließendem Wasser abbürsten und abtropfen lassen. Knoblauchzehen abziehen und hacken. Thymian und Rosmarin abspülen und trocken tupfen. Blättchen und Nadeln von den Stängeln zupfen und grob hacken.

2 Olivenöl, gehackte Kräuter, Knoblauch, Salz und Pfeffer verrühren. Die Kartoffeln ungeschält der Länge nach halbieren, mit der Ölmischung vermengen und mindestens 30 Minuten durchziehen lassen.

3 Den Backofen vorheizen.
Ober-/Unterhitze: etwa 200 °C
Heißluft: etwa 180 °C

4 Kartoffelhälften mit der Schnittfläche nach oben auf ein Backblech (gefettet) legen. Kartoffeln mit der restlichen Marinade beträufeln. Das Backblech auf mittlerer Einschubleiste in den vorgeheizten Backofen schieben. Kartoffeln etwa 40 Minuten garen.

5 Inzwischen für den Kräuterquark Quark mit Schmand und den Kräutern verrühren. Kräuterquark mit Salz und Pfeffer abschmecken. Den Kräuterquark zu den Blechkartoffeln servieren.

Die Blechkartoffeln anstelle von Kräuterquark mit Tsatsiki (500 g, etwa 1,50 €) oder Kräuterbutter (100 g, etwa 1,20 €) servieren.

Um die Garzeit zu verkürzen, können Sie die Kartoffeln schälen, ganz lassen und etwa 10 Minuten vorkochen. Die Garzeit im Backofen beträgt dann nur etwa 20 Minuten. Wenden Sie die Kartoffeln nach etwa der Hälfte der Garzeit.

Pro Portion etwa
0,75 €

Leicht genießen

Fischröllchen auf Möhrengemüse

600 g TK-Seelachsfilet (4 gleich große, dünne Fischfilets) • Salz • frisch gemahlener Pfeffer • 8 dünne Scheiben Schinkenspeck (etwa 80 g) • 750 g Möhren • 50 g Butter oder Margarine • 200 ml Gemüsebrühe • 1 Bund Frühlingszwiebeln • 1 EL gehackte TK-Petersilie
Außerdem: 8 Holzstäbchen oder Küchengarn

Zubereitungszeit: 30 Minuten, ohne Auftauzeit • Garzeit: etwa 10 Minuten
4 Portionen • Pro Portion: E: 34 g, F: 14 g, Kh: 12 g, kJ: 1298, kcal: 310, BE: 0,0

1 Seelachsfilet nach Packungsanleitung auftauen lassen.

2 Fischfilets unter fließendem kalten Wasser abspülen, trocken tupfen und mit Salz und Pfeffer bestreuen. Die Fischfilets (mit der silbrig glänzenden Seite nach unten) auf eine Arbeitsfläche legen.

3 Auf jedes Fischfilet je 2 Scheiben Schinkenspeck legen. Die Filets vorsichtig von der schmalen Seite her aufrollen und mit je zwei Holzstäbchen feststecken oder mit Küchengarn verschnüren.

4 Für das Möhrengemüse Möhren putzen, schälen, abspülen, abtropfen lassen und in dünne Scheiben schneiden oder hobeln.

5 Butter oder Margarine in einem großen, flachen Topf zerlassen. Die Möhrenscheiben darin andünsten und mit Salz und Pfeffer würzen. Gemüsebrühe hinzugießen und kurz aufkochen lassen.

6 In der Zwischenzeit die Frühlingszwiebeln putzen, abspülen, abtropfen lassen und in etwa 1 cm breite Stücke schneiden.

7 Dann die Frühlingszwiebelstücke unter die Möhrenscheiben geben. Die Fischröllchen auf das Gemüse setzen und alles zugedeckt etwa 10 Minuten bei schwacher Hitze dünsten, dabei die Fischröllchen 1-mal vorsichtig wenden.

8 Die Fischröllchen aus dem Topf nehmen und warm stellen. Petersilie unter das Gemüse rühren. Die Fischröllchen auf vorgewärmten Tellern auf dem Möhrengemüse anrichten und servieren.

+ Servieren Sie Kartoffelpüree (siehe Seite 88) dazu.

Pro Portion etwa
1,30 €

Kalorienarm

Verhülltes Fischfilet

750 g TK-Seelachsfilet • 2 Stangen Porree (Lauch) • 2 EL Speiseöl, z. B. Sonnenblumenöl • Salz • frisch gemahlener Pfeffer • 4 Tomaten • ½ Bund glatte Petersilie • 3 EL Röstzwiebeln
Außerdem: 4 Bögen Back- oder Butterbrotpapier (je etwa 30 x 30 cm) • etwas Küchengarn

Zubereitungszeit: 25 Minuten, ohne Auftauzeit • Garzeit: 20–25 Minuten
4 Portionen • Pro Portion: E: 37 g, F: 11 g, Kh: 7 g, kJ: 1147, kcal: 273, BE: 0,5

1 Seelachsfilet nach Packungsanleitung auftauen lassen.

2 Porree putzen. Die Stangen längs halbieren, gründlich waschen, abtropfen lassen und in feine Streifen schneiden. Öl in einer Pfanne erhitzen. Porreestreifen hinzugeben und unter gelegentlichem Rühren etwa 3 Minuten dünsten, mit Salz und Pfeffer würzen.

3 Den Backofen vorheizen.
Ober-/Unterhitze: etwa 200 °C
Heißluft: etwa 180 °C

4 Seelachsfilet unter fließendem kalten Wasser abspülen, trocken tupfen und in 4 gleich große Stücke teilen. Fisch mit Salz und Pfeffer bestreuen. Vier Bögen Back- oder Butterbrotpapier auf der Arbeitsfläche ausbreiten. Den Porree gleichmäßig mittig darauf verteilen und je 1 Fischstück darauflegen.

5 Tomaten abspülen, abtrocknen, halbieren und die Stängelansätze herausschneiden. Tomaten in Stücke schneiden. Petersilie abspülen und trocken tupfen. Die Blättchen von den Stängeln zupfen. Blättchen grob hacken, mit Tomatenstücken und Röstzwiebeln mischen, auf dem Fisch verteilen.

6 Fisch und Gemüse in dem Papier so einpacken, dass der Falzrand oben liegt. Dazu die gegenüberliegenden Seiten der Papierbögen jeweils oben zueinander führen und wie eine Ziehharmonika nach unten falten. An den Seiten die Päckchen wie bei einem Bonbon zusammendrehen, mit Küchengarn zusammenbinden.

7 Die Päckchen auf ein Backblech legen. Das Backblech in den vorgeheizten Backofen schieben. Seelachsfilet 20–25 Minuten garen.

8 Jeweils 1 Seelachsfilet-Päckchen auf einen Teller legen. Die Päckchen öffnen und den Fisch sofort servieren.

Servieren Sie Pellkartoffeln (1 kg, etwa 0,80 €) dazu.

Statt Back- oder Butterbrotpapier kann auch Alufolie verwendet werden.

Wenn es etwas Besonders sein soll

Linsen-Fisch-Auflauf

500 g TK-Pangasius- oder Tilapiafilet • 2 Stangen Porree • 2 EL Speiseöl, z. B. Sonnenblumenöl • 1 Dose Linsen mit Suppengrün (Einwaage 800 g) • 4 Scheiben Weizen-Toastbrot (je 25 g) • 30 g Butter • 100 g Schinkenwürfel (aus der Kühltheke) • 1 Pck. Dr. Oetker Finesse Geriebene Zitronenschale • 1 EL gemischte TK-Kräuter • Salz • frisch gemahlener Pfeffer

1 Fischfilet nach Packungsanleitung auftauen lassen.

2 Porree putzen. Die Stangen längs halbieren. Porree gründlich waschen, abtropfen lassen und in feine Streifen schneiden. Speiseöl in einem Topf erhitzen. Porree unter Rühren darin andünsten. Linsen mit der Flüssigkeit unterrühren und erhitzen. Linsen-Porree-Mischung mit Salz abschmecken.

3 Den Backofen vorheizen.
Ober-/Unterhitze: etwa 200 °C
Heißluft: etwa 180 °C

4 Toastbrot entrinden und zerbröseln. Butter in einer Pfanne zerlassen. Die Brotbrösel darin goldbraun rösten. Schinkenwürfel, Zitronenschale und Kräuter unterrühren.

5 Fischfilet unter fließendem kalten Wasser abspülen, trocken tupfen und in 4 gleich große Stücke teilen. Fisch mit Salz und Pfeffer bestreuen.

6 Die Linsen-Porree-Mischung in eine flache Auflaufform geben. Die Filetstücke darauf legen und die Brot-Schinken-Mischung darauf verteilen. Die Form auf dem Rost in den vorgeheizten Backofen schieben. Den Auflauf etwa 20 Minuten garen.

Heben Sie statt der Porreestangen 2 abgezogene, entkernte, in Würfel geschnittene Fleischtomaten und einige in Ringe geschnittene Frühlingszwiebeln unter die Linsen. Die Frühlingszwiebeln brauchen nicht vorher angedünstet zu werden.

Zubereitungszeit: 35 Minuten, ohne Auftauzeit • Garzeit: etwa 20 Minuten
4 Portionen • Pro Portion: E: 38 g, F: 16 g, Kh: 40 g, kJ: 1938, kcal: 463, BE: 3,0

Pro Portion etwa
1,80 €

Einfach

Fisch Caprese

4 Scheiben TK-Seelachsfilet (je etwa 150 g) • 4 mittelgroße Tomaten • 2 kleine Zucchini • 250 g Mozzarella-Käse • Salz • frisch gemahlener Pfeffer • 1–2 TL getrocknete, italienische Kräuter • 4 EL Olivenöl • einige Stängel Basilikum

Zubereitungszeit: 30 Minuten, ohne Auftauzeit • Garzeit: 12–15 Minuten
4 Portionen • Pro Portion: E:41 g, F: 25 g, Kh: 4 g, kJ: 1719, kcal: 412, BE: 0,0

1 Seelachsfilet nach Packungsanleitung auftauen lassen.

2 Den Backofen vorheizen.
Ober-/Unterhitze: etwa 200 °C
Heißluft: etwa 180 °C

3 Tomaten abspülen, trocken tupfen, halbieren und die Stängelansätze herausschneiden. Tomaten in Scheiben schneiden.

4 Zucchini abspülen, abtrocknen und die Enden abschneiden. Zucchini in etwa ½ cm dicke Scheiben schneiden. Mozzarella abtropfen lassen und in 12 Scheiben schneiden.

5 Die Hälfte der Tomaten-, Zucchini- und Mozzarella-Scheiben dachziegelartig in eine flache Auflaufform (gefettet) schichten, mit Salz, Pfeffer und mit der Hälfte der Kräuter bestreuen, mit 2 Esslöffeln Olivenöl beträufeln.

6 Fisch unter fließendem kalten Wasser abspülen, trocken tupfen, mit Salz und Pfeffer bestreuen. Fischfilet auf die Gemüse-Käse-Mischung legen.

7 Restliche Tomaten-, Zucchini- und Mozzarella-Scheiben dachziegelartig darauflegen, mit Salz, Pfeffer und den restlichen Kräutern bestreuen, mit dem restlichen Olivenöl beträufeln.

8 Die Form auf dem Rost auf mittlerer Einschubleiste in den vorgeheizten Backofen schieben. Fisch Caprese 12–15 Minuten garen.

9 Basilikum abspülen und trocken tupfen. Die Blättchen von den Stängeln zupfen und fein hacken. Fisch Caprese mit Basilikum bestreut servieren.

+ Reis (siehe Seite 94) oder Kartoffelpüree (siehe Seite 88) schmecken sehr gut dazu.

Pro Portion etwa 1,20 €

Für Kinder

Gebratenes Seelachsfilet

4 Scheiben TK-Seelachsfilet (je etwa 150 g) • 40 g Weizenmehl • 100 g Semmelbrösel • 1 Ei (Größe M) • 2 EL kaltes Wasser • etwas Salz • frisch gemahlener Pfeffer • 5 EL Speiseöl, z. B. Olivenöl

Zum Garnieren: einige Scheiben von 1 Bio-Zitrone (unbehandelt, ungewachst)

Zubereitungszeit: 20 Minuten, ohne Auftauzeit
4 Portionen • Pro Portion: E: 32 g, F: 16 g, Kh: 24 g, kJ: 1545, kcal: 369, BE: 2,0

1 Seelachsfilet nach Packungsanleitung auftauen lassen.

2 Seelachsfilet unter fließendem kalten Wasser abspülen und trocken tupfen. Mehl und Semmelbrösel in je zwei tiefe Teller geben.

3 Ei mit Wasser in einem tiefen Teller verschlagen. Die Filets mit Salz und Pfeffer bestreuen und zuerst in Mehl wenden. Dann die Filets durch das verschlagene Ei ziehen, am Schüsselrand etwas abstreifen und zuletzt in Semmelbröseln wenden. Die Panade etwas andrücken.

4 Speiseöl in einer großen, beschichteten Pfanne erhitzen. Fischfilets darin von jeder Seite 3–4 Minuten goldbraun braten, herausnehmen und kurz auf Küchenpapier abtropfen lassen.

5 Zum Garnieren die Zitrone heiß abwaschen, abtrocknen und in dünne Scheiben schneiden. Die Fischfilets mit den Zitronenscheiben garniert servieren.

+ Servieren Sie Kartoffelsalat (siehe Seite 38) oder Kartoffelpüree (siehe Seite 88) und grünen Salat (siehe Seite 42) dazu.

Pro Portion etwa 0,80 €

Etwas Besonderes

Pikante Fischrouladen in Tomatensauce

4 Scheiben TK-Seelachsfilet (je etwa 150 g) • Saft von ½ Zitrone • Salz • 4 gestr. TL mittelscharfer Senf • 1 EL gehackte TK-Petersilie • 4 kleine Scheiben Gouda-Käse (etwa 100 g) • 4 kleine Gewürzgurken • 20 g Butter • 200 ml Gemüsebrühe

Für die Sauce: 1 Dose stückige Tomaten (400 g) • Salz • frisch gemahlener Pfeffer • 1 TL gerebelter Oregano • ½ TL Zucker

Außerdem: 8 Holzstäbchen oder Küchengarn

Zubereitungszeit: 25 Minuten, ohne Auftauzeit • Garzeit: etwa 10 Minuten
4 Portionen • Pro Portion: E: 36 g, F: 13 g, Kh: 6 g, kJ: 1218, kcal: 290, BE: 0,5

1 Seelachsfilet nach Packungsanleitung auftauen lassen.

2 Die Fischfilets unter fließendem kalten Wasser abspülen, trocken tupfen, mit Zitronensaft beträufeln und mit Salz bestreuen. Die Filets (mit der silbrig glänzenden Seite nach unten) auf eine Arbeitsfläche legen und dünn mit Senf bestreichen. Petersilie daraufstreuen.

3 Käse und Gurken in schmale Streifen schneiden, gleichmäßig auf den Fischfilets verteilen. Die Filets vorsichtig von der schmalen Seite her aufrollen und mit je zwei Holzstäbchen feststecken oder mit Küchengarn verschnüren.

4 Butter in einer großen Pfanne zerlassen. Die Fischrouladen vorsichtig von allen Seiten darin anbraten. Gemüsebrühe hinzugießen und zum Kochen bringen. Die Fischrouladen bei schwacher Hitze in etwa 7 Minuten gar ziehen lassen, dabei die Fischrouladen 1-mal vorsichtig wenden.

5 Die garen Rouladen herausnehmen, auf eine vorgewärmte Platte legen und zugedeckt warm stellen.

6 Für die Sauce den Fischsud 2–4 Minuten kochen lassen, sodass die Sauce um etwa die Hälfte einkocht. Stückige Tomaten unterrühren, kurz aufkochen. Die Sauce mit Salz, Pfeffer, Oregano und Zucker würzen, noch etwa 3 Minuten köcheln lassen. Die Fischrouladen mit der Sauce servieren.

\+ Sehr lecker schmeckt Reis (siehe Seite 94) dazu.

Pro Portion etwa
1,15 €

Einfach und beliebt

Frikadellen mit Mischgemüse

Für die Frikadellen: 1 Brötchen (Semmel) vom Vortag • 2 Zwiebeln • 1–2 EL Sonnenblumenöl • 500 g Gehacktes (halb Rind-, halb Schweinefleisch) • 1 Ei (Größe M) • Salz • frisch gemahlener Pfeffer • Paprikapulver edelsüß
Für das Mischgemüse: 500 g Möhren • 40 g Butter • 100 ml Wasser oder Gemüsebrühe • Salz • 250 g TK-Erbsen • frisch gemahlener Pfeffer • 1 EL gehackte Petersilie

Zubereitungszeit: 40 Minuten, ohne Abkühlzeit • Garzeit: 10–15 Minuten
4 Portionen • Pro Portion: E: 32 g, F: 37 g, Kh: 21 g, kJ: 2275 , kcal: 543, BE: 1,0

1 Für die Frikadellen Brötchen in kaltem Wasser einweichen. Zwiebeln abziehen und fein würfeln. Öl in einer Pfanne erhitzen. Die Zwiebelwürfel darin unter Rühren glasig dünsten, dann aus der Pfanne nehmen, auf Küchenpapier abtropfen und etwas abkühlen lassen.

2 Brötchen gut ausdrücken, mit Gehacktem, Zwiebelwürfeln und Ei vermengen. Masse mit Salz, Pfeffer und Paprikapulver würzen. Aus der Masse mit angefeuchteten Händen 8 Frikadellen formen.

3 Öl in der Pfanne erhitzen. Die Frikadellen von beiden Seiten unter gelegentlichem Wenden bei mittlerer Hitze 10–15 Minuten braun und gar braten.

4 In der Zwischenzeit für das Mischgemüse Möhren putzen, schälen, abspülen, abtropfen lassen und in dünne Scheiben schneiden. Butter in einem Topf zerlassen. Die Möhrenscheiben darin 2–3 Minuten andünsten. Wasser oder Brühe hinzugießen, mit wenig Salz würzen. Die Möhren etwa 5 Minuten zugedeckt garen, dabei gelegentlich umrühren.

5 Dann die Erbsen hinzufügen. Das Gemüse weitere etwa 5 Minuten dünsten, mit Salz und Pfeffer abschmecken und Petersilie unterrühren.

Servieren Sie Kartoffelpüree (siehe Seite 88) dazu.

Für Frikadellen mit Schafkäsefüllung (im Foto unten, Pro Portion: etwa 1,05 €) in die Hackmasse zusätzlich 1 Teelöffel gerebelten Thymian geben. 200 g Schafkäse in 8 gleich große Würfel schneiden. Aus der Hackmasse 8 flache Fladen formen, jeweils 1 Stück Käse daraufgeben, mit der Masse umschließen. Frikadellen wie im Rezept beschrieben braten. Dazu schmeckt ein Tomatensalat (siehe Seite 39) sehr lecker.

Pro Portion etwa
1,10 €

Ein Fleischklassiker

Kasseler Rippenspeer

1 Zwiebel • 1 Tomate • 1 Bund Suppengrün (Sellerie, Möhren, Porree) • 1½ kg Kasseler (Kotelettstück, Knochen vom Metzger herauslösen und zerkleinern lassen) • 1 Lorbeerblatt • 400 ml heißes Wasser • evtl. dunkler Saucenbinder • Salz • frisch gemahlener Pfeffer

Zubereitungszeit: 20 Minuten • Garzeit: etwa 50 Minuten

6 Portionen • Pro Portion: E: 36 g, F: 17 g, Kh: 5 g, kJ: 1317, kcal: 314, BE: 0,0

1 Den Backofen vorheizen.
Ober-/Unterhitze: etwa 200 °C
Heißluft: etwa 180 °C

2 Zwiebel abziehen, würfeln. Tomate abspülen, abtropfen lassen, vierteln und den Stängelansatz herausschneiden. Sellerie und Möhren putzen, schälen, abspülen und abtropfen lassen. Porree putzen, die Stange längs halbieren, gründlich waschen und abtropfen lassen. Suppengrün fein würfeln.

3 Kasseler und Knochen unter fließendem kalten Wasser abspülen, trocken tupfen. Die Fettschicht gitterförmig einschneiden. Das Fleisch mit der Fettschicht nach oben in einen mit Wasser ausgespülten Bräter legen. Suppengrün, Zwiebel, Tomate, Lorbeerblatt und Knochen zugeben.

4 Den Bräter ohne Deckel auf dem Rost im unteren Drittel in den vorgeheizten Backofen schieben. Fleisch etwa 50 Minuten garen. Wenn der Bratensatz bräunt, etwas von dem heißen Wasser zugeben. Verdampfte Flüssigkeit nach und nach durch heißes Wasser ersetzen. Das Fleisch ab und zu mit Bratensatz begießen.

5 Gegartes Fleisch und Knochen aus dem Bräter nehmen. Das Fleisch etwa 10 Minuten zugedeckt ruhen lassen, damit sich der Fleischsaft setzt.

6 Für die Sauce den Bratensatz mit etwas Wasser loskochen. Bratensatz mit dem Gemüse durch ein Sieb streichen und auf der Kochstelle erneut zum Kochen bringen. Die Sauce nach Belieben mit Saucenbinder andicken und kurz aufkochen lassen. Fleisch in Scheiben schneiden und auf einer vorgewärmten Platte anrichten. Die Sauce mit Salz und Pfeffer abschmecken und zu dem Fleisch servieren.

+ Servieren Sie das Kasseler auf Sauerkraut (1 Dose 850 ml, Pro Portion: etwa 2,- €) und dazu Salzkartoffeln (siehe Seite 86) oder Kartoffelpüree (siehe Seite 88).

Pro Portion etwa
1,80 €

Mit Alkohol

Puten-Champignon-Gulasch

600 g Putenbrustfilet • 250 g Champignons • 1 Stange Porree (Lauch, etwa 200 g) • 4 EL Sonnenblumenöl • Salz • frisch gemahlener Pfeffer • 250 ml (¼ l) Geflügelbrühe • 70 ml Weißwein • 100 g Schlagsahne • 1 TL Weizenmehl • 1 EL Sojasauce

Zubereitungszeit: 30 Minuten • Garzeit: etwa 15 Minuten

4 Portionen • Pro Portion: E: 39 g, F: 20 g, Kh: 4 g, kJ: 1525, kcal: 365, BE: 0,5

1 Putenbrustfilet unter fließendem kalten Wasser abspülen, trocken tupfen und in etwa 2 cm große Würfel schneiden.

2 Champignons putzen, mit Küchenpapier abreiben, evtl. abspülen, gut abtropfen lassen. Große Champignons halbieren. Porree putzen. Stange längs halbieren, gründlich waschen, abtropfen lassen, in Streifen schneiden.

3 Etwa 2 Esslöffel vom Öl in einer großen Pfanne erhitzen. Putenbrustfiletwürfel portionsweise darin von allen Seiten anbraten. Fleisch mit Salz und Pfeffer würzen, aus der Pfanne nehmen.

4 Restliches Öl in dem verbliebenen Bratfett der Pfanne erhitzen. Champignons und Porree darin unter Rühren andünsten, dann herausnehmen.

5 Brühe und Wein in die Pfanne gießen, den Bratensatz loskochen. Das Ganze etwas einkochen lassen. Dann die Putenbrustwürfel und das Champignon-Porree-Gemüse wieder in die Pfanne geben. Zutaten zum Kochen bringen und zugedeckt bei mittlerer Hitze etwa 10 Minuten garen.

6 Sahne mit Mehl anrühren und unterrühren. Gulasch unter Rühren kurz aufkochen und etwa 5 Minuten köcheln lassen. Gulasch mit Salz, Pfeffer und Sojasauce abschmecken und servieren.

Wir empfehlen Ihnen, dazu Reis (siehe Seite 94) oder Spätzle (siehe Seite 96) zu reichen.

Das Puten-Champignon-Gulasch schmeckt natürlich auch ohne Weißwein. Erhöhen Sie dann die Menge der Geflügelbrühe.

Pro Portion etwa 1,65 €

Beliebt bei Groß und Klein

Gefüllte Paprikaschoten

4 Paprikaschoten (je etwa 150 g) • 250 g Gemüsezwiebeln • 500 g Tomaten • 6 EL Olivenöl • 400 g Gehacktes (halb Rind-, halb Schweinefleisch) • 1 EL Tomatenmark • Salz • frisch gemahlener Pfeffer • etwa 375 ml (3/8 l) Gemüsebrühe • 1 EL Tomatenmark • 15 g Weizenmehl • 6 EL Schlagsahne • ½ TL getrockneter, gerebelter Oregano • etwas Zucker

Zubereitungszeit: 40 Minuten • Garzeit: etwa 50 Minuten

4 Portionen • Pro Portion: E: 23 g, F: 38 g, Kh: 18 g, kJ: 2121, kcal: 506, BE: 0,5

1 Am Stielende der Paprikaschoten einen Deckel abschneiden. Kerne und weiße Scheidewände entfernen. Die Schoten innen und außen abspülen, abtropfen lassen. Gemüsezwiebeln abziehen, halbieren und würfeln. Tomaten waschen, abtrocknen, halbieren, entkernen und die Stängelansätze herausschneiden. Die Hälfte der Tomaten würfeln.

2 Zwei Esslöffel Öl in einer Pfanne erhitzen. Die Hälfte der Zwiebelwürfel kurz darin dünsten. Gehacktes unter Rühren darin anbraten, dabei die Klümpchen mit einer Gabel zerdrücken. Tomatenwürfel und Tomatenmark unterrühren, mit Salz und Pfeffer würzen. Die Masse etwas abkühlen lassen, dann in die Schoten füllen. Die Paprikadeckel wieder auflegen.

3 Die restlichen Tomaten in Stücke schneiden. Das restliche Öl in einem großen Topf erhitzen. Die restlichen Zwiebelwürfel kurz darin andünsten. Die Paprikaschoten nebeneinander in den Topf stellen. Tomatenstücke und 375 ml (3/8 l) Gemüsebrühe zugeben. Die Schoten mit Deckel bei schwacher Hitze in etwa 50 Minuten gar dünsten. Anschließend die Paprikaschoten aus dem Topf nehmen und warm stellen.

4 Für die Sauce die Garflüssigkeit mit den Tomatenstücken und Zwiebeln durch ein Sieb streichen. 375 ml (3/8 l) abmessen, evtl. mit Gemüsebrühe ergänzen. Tomatenmark unterrühren. Sauce zum Kochen bringen. Mehl mit Sahne verrühren, in die Sauce rühren. Sauce etwa 10 Minuten schwach kochen lassen, gelegentlich umrühren.

5 Die Sauce mit Salz, Pfeffer, Oregano und Zucker würzen, zu den gefüllten Paprikaschoten servieren.

Reichen Sie Reis (siehe Seite 94) oder Salzkartoffeln (siehe Seite 86) dazu.

Sie können die Paprikaschoten auch zugedeckt im vorgeheizten Backofen (bei Ober-/Unterhitze: etwa 200 °C, Heißluft: etwa 180 °C) etwa 50 Minuten garen.

Schnell gemacht – mit Alkohol

Geschnetzeltes mit Frischkäse

500 g Schweinefleisch (Schnitzelfleisch) • 1 Glas Champignons in Scheiben (Abtropfgewicht 200 g) • 1 Zwiebel • ½ Bund Frühlingszwiebeln • 2 EL Speiseöl, z. B. Olivenöl • Salz • frisch gemahlener Pfeffer • 150 ml Gemüsebrühe • 200 g Schlagsahne • 125 g Doppelrahm-Frischkäse • 75 ml trockener Weißwein • evtl. 1 TL Currypulver

Zubereitungszeit: 30 Minuten • 4 Portionen
Pro Portion: E: 34 g, F: 33 g, Kh: 5 g, kJ: 1979, kcal: 473, BE: 0,0

1 Schnitzelfleisch mit Küchenpapier trocken tupfen und in dünne Streifen schneiden. Champignonscheiben in einem Sieb abtropfen lassen.

2 Zwiebel abziehen und fein würfeln. Frühlingszwiebeln putzen, abspülen, abtropfen lassen und schräg in dünne Ringe schneiden.

3 Etwas Speiseöl in einer großen Pfanne erhitzen. Die Fleischstreifen in 2 Portionen darin anbraten, mit Salz und Pfeffer bestreuen, aus der Pfanne nehmen. Zwiebel im verbliebenen Bratenfett andünsten.

4 Brühe und Sahne einrühren, zum Kochen bringen. Champignons und Frühlingszwiebelringe hinzufügen. Frischkäse und Wein unterrühren und erwärmen. Fleischstreifen wieder hinzufügen, kurz erwärmen. Das Geschnetzelte nochmals mit Salz, Pfeffer und evtl. Currypulver abschmecken.

Nudeln (siehe Seite 96) oder Reis (siehe Seite 94) und ein Salat schmecken sehr gut dazu.

Beim Fleischkauf sollten Sie auf Sonderangebote achten. Diese sind meist günstiger als die „Niedrigpreise" beim Discounter.
Garnieren Sie das Geschnetzelte zum Servieren mit Kräuterblättchen.
Statt Wein zu verwenden, können Sie auch die Menge der Gemüsebrühe entsprechend erhöhen.

Pro Portion etwa
1,50 €

Fürs Monatsende

Hackbraten auf Kartoffelgratin

1 Brötchen (Semmel) vom Vortag • 500 g Gehacktes (halb Rind-, halb Schweinefleisch) • 1 Ei (Größe M) • 1 TL mittelscharfer Senf • Salz • frisch gemahlener Pfeffer • *Für das Gratin:* 1 kg mehligkochende Kartoffeln • frisch geriebene Muskatnuss • 200 ml Milch

Zubereitungszeit: 30 Minuten • Garzeit: etwa 60 Minuten

4 Portionen • Pro Portion: E: 32 g, F: 27 g, Kh: 38 g, kJ: 2196, kcal: 523, BE: 3,0

1 Brötchen in kaltem Wasser einweichen. Gehacktes in eine Schüssel geben. Brötchen gut ausdrücken, mit Ei und Senf zum Gehackten geben. Die Zutaten gut vermengen. Die Masse mit Salz und Pfeffer kräftig würzen, mit angefeuchteten Händen zu einem flachen, länglichen Laib formen.

2 Den Backofen vorheizen.
Ober-/Unterhitze: 180–200 °C
Heißluft: 160–180 °C

3 Für das Gratin Kartoffeln schälen, abspülen, abtropfen lassen und in dünne Scheiben hobeln. Kartoffelscheiben mit Salz, Pfeffer und Muskat kräftig würzen.

4 Die Kartoffelscheiben in eine große Auflaufform (gefettet) einschichten. Die Milch zu den Kartoffelscheiben gießen. Die Form auf dem Rost in den vorgeheizten Backofen schieben. Das Gratin etwa 15 Minuten vorgaren.

5 Dann in die Mitte des Gratins eine leichte, längliche Vertiefung eindrücken. Den Fleischlaib in die Vertiefung legen. Die Form wieder zurück in den Backofen schieben und das Ganze weitere etwa 45 Minuten garen.

6 Den Hackbraten aus der Form nehmen und in Scheiben schneiden. Die Fleischscheiben wieder auf das Gratin legen und servieren.

Bestreuen Sie das Gratin nach etwa 40 Minuten Garzeit mit 100 g geriebenem Käse (Pro Portion: etwa 1,15 €) und garen Sie dann den Hackbraten zu Ende.

Pro Portion etwa
1,- €

Begeistert Kinder

Hähnchenkeulen

4 Hähnchenkeulen (je etwa 250 g) • ½ TL Salz • 1 Msp. frisch gemahlener Pfeffer • 1 TL Paprikapulver edelsüß • 2–3 EL Speiseöl, z. B. Sonnenblumenöl

1 Den Backofen vorheizen.
Ober-/Unterhitze: etwa 200 °C
Heißluft: etwa 180 °C

2 Die Keulen unter fließendem kalten Wasser abspülen, trocken tupfen.

3 Salz, Pfeffer und Paprikapulver mit Öl verrühren. Die Hähnchenkeulen damit einreiben und in eine Fettpfanne legen. Die Fettpfanne auf der mittleren Einschubleiste in den vorgeheizten Backofen schieben und die Hähnchenkeulen etwa 45 Minuten braten.

Wir empfehlen dazu Kartoffelsalat (siehe Seite 38) oder Bratkartoffeln (siehe Seite 93).

Nach Belieben die Hähnchenkeulen nach etwa 35 Minuten Bratzeit mit dem ausgetretenen Bratenfett bestreichen und mit 1–2 Teelöffeln Sesamsamen bestreuen.

Für panierte Hähnchenkeulen (Pro Portion: etwa 0,80 €) die Hähnchenkeulen wie in Punkt 2 beschrieben vorbereiten. Hähnchenkeulen mit Salz, Pfeffer und Paprikapulver edelsüß einreiben. 1–2 Esslöffel gemischte, gehackte TK-Kräuter mit 6 Esslöffeln Semmelbröseln mischen. Die Hähnchenkeulen zunächst in Weizenmehl, dann in 1 verschlagenen Ei und zuletzt in der Semmelbrösel-Kräuter-Mischung wenden. Die Panade gut andrücken, nicht anhaftende Panade leicht abschütteln. Die Keulen in eine Fettpfanne geben, mit 3–4 Esslöffeln Speiseöl beträufeln und wie im Rezept beschrieben braten.

Zubereitungszeit: 10 Minuten • Bratzeit: etwa 45 Minuten
4 Portionen • Pro Portion: E: 34 g, F: 21 g, Kh: 0 g, kJ: 1369, kcal: 327, BE: 0,0

Pro Portion etwa 0,65 €

Mögen Kinder gern

Bologneser Reistopf

2 EL Sonnenblumenöl • 500 g Gehacktes (halb Rind-, halb Schweinefleisch) • 2 mittelgroße Zwiebeln • Salz • frisch gemahlener Pfeffer • Paprikapulver edelsüß • gerebelter Oregano • 250 g Langkornreis • 35 g Tomatenmark • 750 ml (3/4 l) Fleischbrühe • je 1 kleine rote und gelbe Paprikaschote • 300 g TK-Erbsen
Nach Belieben zum Garnieren: Majoranblättchen

1 Öl in einem Topf erhitzen. Gehacktes hinzufügen und unter Rühren darin anbraten, dabei die Fleischklümpchen mit einer Gabel zerdrücken.

2 Zwiebeln abziehen, in kleine Würfel schneiden, zu dem Gehackten geben und mit andünsten. Gehacktes mit Salz, Pfeffer, Paprika und Oregano würzen.

3 Reis hinzufügen und kurz mit andünsten. Tomatenmark unterrühren und Brühe hinzugießen. Die Zutaten zum Kochen bringen und zugedeckt bei schwacher Hitze etwa 15 Minuten kochen lassen.

4 Paprika halbieren, entstielen, entkernen und die weißen Scheidewände entfernen. Die Schoten abspülen, abtropfen lassen und in kleine Würfel schneiden.

5 Paprikawürfel und Erbsen in den Reistopf geben, zum Kochen bringen und etwa 10 Minuten mitgaren lassen. Reistopf mit Salz, Pfeffer und Paprika abschmecken, evtl. noch etwas Brühe hinzufügen. Bologneser Reistopf nach Belieben mit Majoranblättchen garniert servieren.

Wer es scharf liebt, kann eine Chilischote halbieren, entkernen, abspülen, fein würfeln und mitgaren.

Zubereitungszeit: 30 Minuten • Garzeit: etwa 25 Minuten • 4 Portionen
Pro Portion: E: 35 g, F: 27 g, Kh: 65 g, kJ: 2695, kcal: 643, BE: 5,0

Pro Portion etwa
1,35 €

Purer Fleischgenuss

Schweinebraten mit Kräuter-Senf-Hülle

800 g Schweinenacken ohne Knochen • Salz • frisch gemahlener Pfeffer • 2 EL Sonnenblumenöl • 1 Zwiebel • 1 Knoblauchzehe • 2–3 EL mittelscharfer Senf • 25 g TK-Kräuter der Provence • 150 ml heiße Fleisch- oder Gemüsebrühe • 500 g Suppengrün (Möhren, Porree, Sellerie) • 20 g Butter • 125 ml (1/8 l) Gemüsebrühe
Nach Belieben: 1 TL Speisestärke • 1–2 EL Wasser

1 Den Backofen vorheizen.
Ober-/Unterhitze: etwa 200 °C
Heißluft: etwa 180 °C

2 Schweinenacken mit Küchenpapier trocken tupfen. Das Fleisch mit Salz und Pfeffer würzen. Sonnenblumenöl in einem Bräter erhitzen. Das Fleisch darin rundherum gut anbraten.

3 Zwiebel und Knoblauch abziehen und fein würfeln, mit Senf und Kräutern verrühren. Den Braten oben und an den Seiten mit der Senf-Kräuter-Mischung einstreichen.

4 Den Bräter auf dem Rost in den vorgeheizten Backofen schieben. Das Fleisch etwa 15 Minuten garen. Dann die Fleischbrühe hinzugießen. Den Bräter zurück in den Backofen schieben. Braten weitere etwa 35 Minuten garen. Verdampfte Flüssigkeit nach und nach durch heiße Brühe ersetzen.

5 In der Zwischenzeit Suppengrün putzen. Dazu Sellerie schälen. Möhren putzen und schälen. Sellerie und Möhren abspülen, abtropfen lassen. Porree putzen. Die Stange längs halbieren, gründlich waschen, abtropfen lassen.

6 Vorbereitetes Suppengrün in dünne Streifen schneiden. Etwa 15 Minuten vor dem Ende der Garzeit Butter in einem Topf zerlassen. Zuerst die Möhren- und Selleriestreifen darin andünsten, dann die Porreestreifen. Gemüsebrühe hinzugießen. Gemüse zugedeckt etwa 5 Minuten dünsten, mit Salz und Pfeffer abschmecken.

Zubereitungszeit: 35 Minuten • Garzeit: etwa 60 Minuten
4 Portionen • Pro Portion: E: 44 g, F: 27 g, Kh: 6 g, kJ: 1856, kcal: 445, BE: 0,0

7 Den garen Braten aus dem Bräter nehmen und warm stellen. Sauce zum Kochen bringen. Nach Belieben Speisestärke mit Wasser anrühren und in die Sauce rühren. Die Sauce aufkochen lassen, mit Salz und Pfeffer abschmecken. Kräuter-Senf-Braten in Scheiben schneiden, mit Sauce und Gemüse servieren.

+ Reichen Sie einen grünen Salat (siehe Seite 42) oder Spätzle (siehe Seite 96) dazu.

Für Kinder

Hick-Hack-Pfanne

Zubereitungszeit: 35 Minuten • 4 Portionen
Pro Portion: E: 25 g, F: 26 g, Kh: 5 g, kJ: 1461, kcal: 348, BE: 0,5

200 g Zucchini • 1 Knoblauchzehe • 1 Dose abgezogene Tomaten (400 g) • 2 Stängel Thymian • 2 EL Sonnenblumenöl • 500 g Gehacktes (halb Rind-, halb Schweinefleisch) • Salz • frisch gemahlener Pfeffer • 2 EL Tomatenketchup

1 Zucchini abspülen, abtrocknen und die Enden abschneiden. Zucchini in dünne Scheiben schneiden. Knoblauch abziehen und fein hacken.

2 Tomaten in einem Sieb abtropfen lassen und in kleine Stücke schneiden. Thymian abspülen, trocken tupfen. Die Blättchen von den Stängeln zupfen.

3 Öl in einer großen Pfanne erhitzen. Gehacktes und Knoblauch hinzufügen und unter Rühren anbraten, dabei die Klümpchen mit einer Gabel zerdrücken, mit Salz und Pfeffer würzen.

4 Zucchini hinzufügen und kurz mitbraten lassen. Tomatenstücke und Thymianblättchen hinzufügen und unter Rühren erwärmen. Hick-Hack-Pfanne mit Salz, Pfeffer und Ketchup abschmecken.

Dazu schmecken Nudeln oder Spätzle (siehe Seite 96/97) oder frisch aufgebackenes Ciabatta-Brot (300 g, etwa 1,- €).

Die Hick-Hack-Pfanne können Sie bereits am Vortag zubereiten. Sie schmeckt auch wieder aufgewärmt sehr gut.
Statt der Zucchini können Sie etwa 200 g geputzte, in Scheiben geschnittene Champignons und 1 Bund geputzte, in Stücke geschnittene Frühlingszwiebeln verarbeiten. Rühren Sie dann statt des Ketchups 100 ml Gemüse- oder Fleischbrühe unter und lassen das Ganze kurz aufkochen (Pro Portion: etwa 1,30 €).

Pro Portion etwa
0,90 €

Für Kinder

Quarkauflauf mit Äpfeln

75 g weiche Butter oder Margarine • 125 g Zucker • 1 Pck. Dr. Oetker Vanillin-Zucker • 3 Eier (Größe M) • 1 Prise Salz • 500 g Magerquark • 1 Pck. Dr. Oetker Pudding-Pulver Vanille-Geschmack • 500 g säuerliche Äpfel

Zubereitungszeit: 25 Minuten • Garzeit: 25–35 Minuten

4 Portionen • Pro Portion: E: 22 g, F: 22 g, Kh: 57 g, kJ: 2178, kcal: 520, BE: 4,5

1 Den Backofen vorheizen.
Ober-/Unterhitze: etwa 200 °C
Heißluft: etwa 180 °C

2 Butter oder Margarine mit Handrührgerät mit Rührbesen auf höchster Stufe geschmeidig rühren. Nach und nach Zucker, Vanillin-Zucker, Eier, Salz und Quark unterrühren.

3 Pudding-Pulver nach und nach auf mittlerer Stufe unterrühren.

4 Äpfel schälen, vierteln und entkernen. Die Hälfte der Äpfel in kleine Würfel, die andere Hälfte in Spalten schneiden. Apfelwürfel unter die Quarkmasse heben.

5 Die Masse in eine große, flache Auflaufform (gefettet, etwa 1,5 l Inhalt) oder 4 kleine Portions-Auflaufformen (gefettet, je etwa 400 ml Inhalt) füllen und glatt streichen.

6 Die Apfelspalten auf dem Auflauf verteilen, evtl. etwas eindrücken. Die Form auf dem Rost in den vorgeheizten Backofen schieben. Den Quarkauflauf 25–35 Minuten garen (in kleinen Formen braucht der Auflauf etwas weniger Zeit, in einer großen Form etwas länger).

Wer Rosinen mag, kann noch Rosinen (50 g, etwa 0,15 €) mit den Apfelwürfeln unterheben.
Der Quarkauflauf schmeckt auch gut mit frischen Stachelbeeren.
Bestäuben Sie den Auflauf vor dem Servieren noch mit etwas Puderzucker.

Pro Portion etwa
0,70 €

Schmeckt auch zum Frühstück – Foto

Knusper-Obst-Salat

Zubereitungszeit: 15 Minuten • 4 Portionen
Pro Portion: E: 4 g, F: 2 g, Kh: 48 g, kJ: 972, kcal: 232, BE: 4,0

200 g blaue Weintrauben • 2 Äpfel • 2 Bananen • Saft von 2 Orangen • 2 EL flüssiger Honig • 8 EL (etwa 80 g) Vollkorn-Haferflocken

1 Weintrauben waschen, gut abtropfen lassen, entstielen, halbieren und evtl. entkernen. Äpfel abspülen, abtrocknen, vierteln, entkernen und in Stücke schneiden. Bananen schälen und in dünne Scheiben schneiden.

2 Orangensaft mit 1 Esslöffel des Honigs verrühren und sofort mit dem vorbereiteten Obst vermischen.

3 Haferflocken in einer Pfanne ohne Fett unter Rühren goldgelb rösten. Salat mit Haferflocken bestreuen, mit dem restlichen Honig beträufeln und sofort servieren.

Ruck, zuck fertig

Pro Portion etwa 0,50 €

Pfirsich-Quark-Speise

Zubereitungszeit: 10 Minuten • 4 Portionen
Pro Portion: E: 18 g, F: 2 g, Kh: 37 g, kJ: 1034, kcal: 247, BE: 3,0

1 Dose Pfirsichhälften (Abtropfgewicht 500 g) • 500 g Magerquark • 150 g Joghurt • 2–3 EL Zucker • 1 EL Zitronensaft

1 Pfirsichhälften in einem Sieb abtropfen lassen und in kleine Stücke schneiden. Quark mit Joghurt und Zucker verrühren, mit Zitronensaft abschmecken.

2 Die Hälfte der Quarkmasse in Dessertschälchen geben. Die Pfirsichstücke daraufschichten. Die restliche Quarkmasse darauf verteilen. Die Quarkspeise bis zum Servieren in den Kühlschrank stellen.

Die Quarkspeise statt mit Pfirsichhälften mit Aprikosenhälften zubereiten.

Pro Portion etwa
0,50 €

Kann man auch aufrollen

Pfannkuchen (Eierkuchen)

250 g Weizenmehl • 4 Eier (Größe M) • 1 EL Zucker • 1 Prise Salz • 375 ml (3/8 l) Milch • 125 ml (1/8 l) Mineralwasser (mit Kohlensäure) • etwa 80 g Margarine oder 8 EL Speiseöl, z. B. Sonnenblumenöl

8 Stück • Pro Stück: E: 8 g, F: 13 g, Kh: 26 g, kJ: 1078, kcal: 258, BE: 2,0
Zubereitungszeit: 40 Minuten, ohne Teigruhezeit

1 Mehl in eine Rührschüssel geben und in die Mitte eine Vertiefung drücken. Eier mit Zucker, Salz, Milch und Mineralwasser verschlagen. Etwas davon in die Vertiefung geben. Von der Mitte aus Eierflüssigkeit und Mehl verrühren. Nach und nach übrige Eierflüssigkeit zugeben, dabei darauf achten, dass keine Klümpchen entstehen. Den Teig 20–30 Minuten ruhen lassen.

2 Etwas Öl in einer beschichteten Pfanne (Ø 24 cm) erhitzen und eine dünne Teiglage mit einer drehenden Bewegung gleichmäßig auf dem Boden der Pfanne verteilen.

3 Sobald die Ränder goldgelb sind, den Pfannkuchen vorsichtig mit einem Pfannenwender wenden oder auf einen Teller gleiten lassen, umgedreht wieder in die Pfanne geben. Die zweite Seite ebenfalls goldgelb backen. Bevor der Pfannkuchen gewendet wird, etwas Fett in die Pfanne geben.

4 Den restlichen Teig auf die gleiche Weise backen, dabei den Teig vor jedem Backen umrühren.

Die Pfannkuchen mit etwas Konfitüre bestrichen und aufgerollt (Pro Portion: etwa 0,45 €) oder etwa 500 g frischen Früchten der Saison servieren (Pro Portion: etwa 0,85 €).

Die Pfannkuchen werden zarter und lockerer, wenn Sie die Eier trennen und zuerst nur das Eigelb in den Teig rühren. Das Eiweiß kurz vor dem Backen steif schlagen und unter den Teig heben.
Bereits gebackene Pfannkuchen im Backofen (bei Ober-/Unterhitze: etwa 80 °C oder Heißluft: etwa 60 °C) warm halten.
Die einzelnen Pfannkuchen vor dem Stapeln mit wenig Zucker bestreuen. So kleben sie nicht zusammen. Die erkalteten Pfannkuchen können problemlos eingefroren werden.

Pro Portion etwa 0,35 €

Erfrischend

Fruchtiger Wackelpeter

1 Beutel aus 1 Pck. Götterspeise Himbeer-Geschmack • 4 EL Zucker • 250 ml (¼ l) Wasser • 250 ml (¼ l) Apfelsaft • 1 mittelgroßer Pfirsich • 1 mittelgroßer Apfel • 1 große Banane
Für den Vanilleschaum: 100 g Schlagsahne • 250 ml (¼ l) kalte Milch • 1 Pck. Saucenpulver Vanille-Geschmack ohne Kochen (für ¼ l Milch)

Zubereitungszeit: 20 Minuten, ohne Kühlzeit • 4 Portionen
Pro Portion: E: 5 g, F: 10 g, Kh: 46 g, kJ: 1279, kcal: 305 , BE: 4,0

1 Götterspeise mit Zucker, Wasser und Saft in einem Topf verrühren. Götterspeise bei schwacher Hitze erwärmen (nicht kochen), bis sie vollständig gelöst ist. Dann die Götterspeise lauwarm abkühlen lassen.

2 Pfirsich und Apfel abspülen, abtrocknen, vierteln, entkernen und in kleine Stücke schneiden. Banane schälen und in Scheiben schneiden. Obststücke in den Gläsern verteilen und die Götterspeise vorsichtig daraufgießen. Die Gläser zugedeckt über Nacht in den Kühlschrank stellen.

3 Für den Vanilleschaum die Sahne steif schlagen. Milch in einen Rührbecher geben. Das Saucenpulver unter ständigem Rühren mit Handrührgerät mit Rührbesen hinzufügen, etwa 1 Minute weiterschlagen. Sahne unterheben und den Vanilleschaum auf der Götterspeise verteilen.

Statt die Vanille-Sauce selbst zu machen, können Sie auch fertige Vanille-Sauce aus dem Kühlregal verwenden.
Der Wackelpeter eignet sich gut ohne den Vanilleschaum für ein Picknick oder zum Mitnehmen. Dann Früchte und Götterspeise in kleine verschließbare Behälter füllen und im Kühlschrank fest werden lassen. Den Wackelpeter in einer Kühltasche transportieren.

Pro Portion etwa
0,60 €

Bei Kindern beliebt

Milchreis

1 l Milch • 1 Prise Salz • 20 g Zucker • 175 g Milchreis (Rundkornreis)

Zubereitungszeit: 10 Minuten • Garzeit: etwa 35 Minuten • 4 Portionen
Pro Portion: E: 11g, F: 9 g, Kh: 51 g, kJ: 1395, kcal: 333, BE: 4,0

1 Milch mit Salz und Zucker in einem Topf zum Kochen bringen. Milchreis unterrühren, zum Kochen bringen und bei schwacher Hitze etwa 35 Minuten mit halb aufgelegtem Deckel quellen lassen, gelegentlich umrühren.

2 Den Milchreis heiß oder kalt servieren.

Den Milchreis als süßes Hauptgericht mit 75 g zerlassener, gebräunter Butter und etwas Zimt-Zucker (Pro Portion: etwa 0,40 €) servieren.
Als Dessert reicht der Milchreis auch für sechs.

Für Milchreis mit Mandeln (Pro Portion: etwa 0,50 €) 40 g gehobelte Mandeln in einer Pfanne ohne Fett rösten, auf den Reis streuen und mit etwas flüssigem Honig beträufeln.

Fürs Monatsende

Arme Ritter

300 ml Milch • 2 Eier (Größe M) • 50 g Zucker • 6 etwa 1½ cm dicke Scheiben Kastenweißbrot (2–5 Tage alt) • 5 EL Speiseöl, z. B. Sonnenblumenöl

1 Milch mit Eiern und Zucker verschlagen. Weißbrotscheiben in eine Schale legen, mit der Eiermilch übergießen und einweichen lassen (dabei 1–2-mal vorsichtig wenden), bis die Milch aufgesogen ist (die Scheiben dürfen nicht zu weich werden).

2 Etwas Öl in einer beschichteten Pfanne zerlassen. Die Brotscheiben darin portionsweise bei mittlerer Hitze von beiden Seiten etwa 8 Minuten knusprig braun braten. Die armen Ritter heiß servieren.

Arme Ritter z. B. mit Apfelmus (1 Glas 720 ml, etwa 0,50 €) oder Zimt-Zucker (40 g, etwa 0,15 €) oder etwas Puderzucker (30 g, etwa 0,15 €) bestäubt servieren.

Zubereitungszeit: 20 Minuten • 6 Stück

Pro Stück: E: 6 g, F: 11 g, Kh: 25 g, kJ: 953, kcal: 228, BE: 2,0

Menüvorschläge für 4 Personen

Genießer-Spar-Menüs

1. Monatsende-Menü

1

2

3

1 Möhren-Apfel-Salat Seite 50
2 Hick-Hack-Pfanne Seite 142
3 Pfannkuchen Seite 148

Menü-Kosten: etwa **6,80 €**

2. Familien-Spar-Menü

1

2

3

1 Tomatensuppe Seite 16
2 Hackbraten auf Kartoffelgratin Seite 134
3 Milchreis Seite 152

Menü-Kosten: etwa **10,- €**

3. Nudeln-machen-glücklich-Menü

1

2

3

1 Bunte Nudel-Hühner-Suppe Seite 21
2 Makkaroni-Schinken-Auflauf Seite 80
3 Knusper-Obst-Salat Seite 146

Menü-Kosten: etwa **10,20 €**

4. Vegetarisches Menü

1

2

3

1 Curry-Linsen-Suppe Seite 26

2 Gemüseragout Seite 102

3 Quarkauflauf mit Äpfeln Seite 144

Menü-Kosten: etwa **11,00 €**

5. Picknick-Menü

1

2

3

1 Tortellini-Salat Seite 34

2 Bauarbeiterbrötchen Seite 52

3 Fruchtiger Wackelpeter Seite 150

Menü-Kosten: etwa **12,80 €**

6. Gefüllt & verhüllt Menü

1

2

3

1 Gefüllte Kräuterkartoffeln Seite 58

2 Verhülltes Fischfilet Seite 114

3 Arme Ritter Seite 153

Menü-Kosten: etwa **13,60 €**

Kapitelregister

Köstliches zum Auslöffeln – Suppen und Eintöpfe

Tomatensuppe Seite 16
Tomatensuppe mit Mozzarella-Klößchen Seite 16
Rindfleischbrühe Seite 18
Rindfleischbrühe mit Gemüseeinlage Seite 18
Käse-Porree-Suppe Seite 19
Hühnerbrühe Seite 20
Hühnerbrühe mit Reiseinlage Seite 20
Bunte Nudel-Hühner-Suppe Seite 21
Wirsingeintopf mit grünen Bohnen Seite 22
Wirsingtopf mit Mettenden Seite 22
Kartoffelsuppe mit Wiener Würstchen Seite 24
Curry-Linsen-Suppe Seite 26
Linsensuppe Seite 27
Gemüseeintopf Seite 28
Gemüseeintopf mit Fleischklößchen Seite 28
Steckrübensuppe mit Salami Seite 30
Grüne-Bohnen-Eintopf Seite 32

Frisch zubereitet oder gut durchgezogen – Salate

Tortellini-Salat Seite 34
Wurst-Käse-Salat Seite 36
Wurstsalat „Zigeuner Art" Seite 36
Kartoffelsalat Seite 38
Tomatensalat Seite 39
Linsensalat mit Senfdressing Seite 40
Grüner Salat Seite 42
Gurkensalat Seite 43
Gurkensalat mit Schmand Seite 43
Käse-Tunfisch-Salat Seite 44
Pikant-fruchtiger Eisbergsalat Seite 46
Eisberg-Camembert-Salat Seite 46
Spaghetti-Salat Seite 48
Möhren-Apfel-Salat Seite 50
Möhren-Orangen-Salat Seite 50
Apfel-Sellerie-Rohkost Seite 51

Pikantes für den kleinen Hunger – Snacks und Kleinigkeiten

Bauarbeiterbrötchen Seite 52
Geschmolzene Mozzarella-Tomaten Seite 54
Zucchini-Porree-Tarte Seite 56
Gefüllte Kräuterkartoffeln Seite 58
Kartoffel-Schinken-Tortilla Seite 60
Pochierte Eier Seite 62
Pochierte Eier auf geröstetem Brot Seite 62
Pochierte Eier mit gemischtem Salat Seite 62
Blätterteigpastetchen mit Leberwurst Seite 64
Blutwurstpastetchen Seite 64
Kartoffel-Feta-Puffer vom Grill Seite 66
Fladenbrot-Pizza Seite 68
Fladenbrot-Pizza mit Hähnchenstreifen Seite 68

Heißer Genuss aus dem Backofen – Aufläufe und Gratins

Geflügelauflauf mit Camembert-Haube Seite 70
Farfalle-Gratin mit Spinat Seite 72
Ravioli-Käse-Auflauf Seite 74
Schupfnudeln mit Sauerkraut Seite 76
Schupfnudeln mit Gemüse Seite 76
Kartoffelauflauf Seite 78
Makkaroni-Schinken-Auflauf Seite 80
Maultaschen-Sauerkraut-Auflauf Seite 82
Weißkohl-Mett-Lasagne Seite 84

Leckere Nebensachen – Kartoffel-, Reis- und Nudelbeilagen
Salzkartoffeln Seite 86
Petersilienkartoffeln Seite 86
Kartoffel-Wedges Seite 87
Kartoffelpüree Seite 88
Kartoffelpüree mit Knoblauch und Kräutern Seite 88
Kartoffelpüree mit gebräunten Zwiebelringen Seite 88
Kartoffel-Mayo-Salat Seite 90
Warmer Kartoffelsalat Seite 91
Kartoffelgratin Seite 92
Bratkartoffeln Seite 93
Gedünsteter Reis Seite 94
Tomatenreis Seite 94
Curryreis Seite 94
Spaghetti Seite 96
Spaghetti mit Tomatensauce Seite 96
Spaghetti Bolognese Seite 96
Spätzle Seite 97
Geschmälzte Spätzle Seite 97

Querbeet genießen – Vegetarische Gerichte
Überbackene Erbsen-Püree-Kartoffeln Seite 98
Überbackene Nudelspieße Seite 100
Gemüseragout Seite 102
Nudel-Eier-Pfanne Seite 104
Käsespätzle Seite 105
Eier mit Frankfurter Grüner Sauce Seite 106
Eier in Senfsauce Seite 107
Gulasch vom Wirsingkohl Seite 108
Blechkartoffeln mit Kräuterquark Seite 110

Genuss, der aus der Tiefe kommt – Fischgerichte
Fischröllchen auf Möhrengemüse Seite 112
Verhülltes Fischfilet Seite 114
Linsen-Fisch-Auflauf Seite 116
Fisch Caprese Seite 118
Gebratenes Seelachsfilet Seite 120
Pikante Fischrouladen in Tomatensauce Seite 122

Ein Stück Familienküche – Fleisch in Bestform
Frikadellen mit Mischgemüse Seite 124
Frikadellen mit Schafkäsefüllung Seite 124
Kasseler Rippenspeer Seite 126
Puten-Champignon-Gulasch Seite 128
Gefüllte Paprikaschoten Seite 130
Geschnetzeltes mit Frischkäse Seite 132
Hackbraten auf Kartoffelgratin Seite 134
Hähnchenkeulen Seite 136
Panierte Hähnchenkeulen Seite 136
Bologneser Reistopf Seite 138
Schweinebraten mit Kräuter-Senf-Hülle Seite 140
Hick-Hack-Pfanne Seite 142

Die Verführung zum Schluss – Süße Mahlzeiten und Desserts
Quarkauflauf mit Äpfeln Seite 144
Knusper-Obst-Salat Seite 146
Pfirsich-Quark-Speise Seite 146
Pfannkuchen (Eierkuchen) Seite 148
Fruchtiger Wackelpeter Seite 150
Milchreis Seite 152
Milchreis mit Mandeln Seite 152
Arme Ritter Seite 153

Alphabetisches Register

A/B

Allgemeine Hinweise Seite 15
Apfel-Sellerie-Rohkost Seite 51
Arme Ritter Seite 153
Bauarbeiterbrötchen Seite 52
Blätterteigpastetchen mit Leberwurst Seite 64
Blechkartoffeln mit Kräuterquark Seite 110
Blutwurstpastetchen Seite 64
Bologneser Reistopf Seite 138
Bratkartoffeln Seite 93
Bunte Nudel-Hühner-Suppe Seite 21

C/E/F

Curry-Linsen-Suppe Seite 26
Curryreis Seite 94
Eier in Senfsauce Seite 107
Eier mit Frankfurter Grüner Sauce Seite 106
Eier, pochierte Seite 62
Eisberg-Camembert-Salat Seite 46
Eisbergsalat, pikant-fruchtiger Seite 46
Erbsen-Püree-Kartoffeln, überbackene Seite 98
Farfalle-Gratin mit Spinat Seite 72
Fisch Caprese Seite 118
Fischfilet, verhülltes Seite 114
Fischröllchen auf Möhrengemüse Seite 112
Fischrouladen in Tomatensauce, pikante Seite 122
Fladenbrot-Pizza Seite 68
Fladenbrot-Pizza mit Hähnchenstreifen Seite 68
Frikadellen mit Mischgemüse Seite 124
Frikadellen mit Schafkäsefüllung Seite 124
Fruchtiger Wackelpeter Seite 150

G

Gebratenes Seelachsfilet Seite 120
Gedünsteter Reis Seite 94
Geflügelauflauf mit Camembert-Haube Seite 70
Gefüllte Kräuterkartoffeln Seite 58
Gefüllte Paprikaschoten Seite 130
Genießer-Spar-Menü-Vorschläge Seite 154
Gemüseeintopf Seite 28
Gemüseeintopf mit Fleischklößchen Seite 28
Gemüseragout Seite 102
Geschmälzte Spätzle Seite 97
Geschmolzene Mozzarella-Tomaten Seite 54
Geschnetzeltes mit Frischkäse Seite 132
Grüne-Bohnen-Eintopf Seite 32
Grüner Salat Seite 42
Gulasch vom Wirsingkohl Seite 108
Gurkensalat Seite 43
Gurkensalat mit Schmand Seite 43

H/K

Hackbraten auf Kartoffelgratin Seite 134
Hähnchenkeulen Seite 136
Hick-Hack-Pfanne Seite 142
Hühnerbrühe Seite 20
Hühnerbrühe mit Reiseinlage Seite 20
Kartoffelauflauf Seite 78
Kartoffel-Feta-Puffer vom Grill Seite 66
Kartoffelgratin Seite 92
Kartoffel-Mayo-Salat Seite 90
Kartoffelpüree Seite 88
Kartoffelsalat Seite 38
Kartoffelsalat, warmer Seite 91
Kartoffel-Schinken-Tortilla Seite 60
Kartoffelsuppe mit Wiener Würstchen Seite 24
Kartoffel-Wedges Seite 87

Käse-Porree-Suppe Seite 19
Käsespätzle Seite 105
Käse-Tunfisch-Salat Seite 44
Kasseler Rippenspeer Seite 126
Knusper-Obst-Salat Seite 146
Kräuterkartoffeln, gefüllte Seite 58

L/M/N
Linsen-Fisch-Auflauf Seite 116
Linsensalat mit Senfdressing Seite 40
Linsensuppe Seite 27
Makkaroni-Schinken-Auflauf Seite 80
Maultaschen-Sauerkraut-Auflauf Seite 82
Milchreis Seite 152
Milchreis mit Mandeln Seite 152
Möhren-Apfel-Salat Seite 50
Möhren-Orangen-Salat Seite 50
Mozzarella-Tomaten, geschmolzene Seite 54
Nudel–Eier–Pfanne Seite 104
Nudel-Hühner-Suppe, bunte Seite 21
Nudelspieße, überbackene Seite 100

P/Q/R
Panierte Hähnchenkeulen Seite 136
Paprikaschoten, gefüllte Seite 130
Petersilienkartoffeln Seite 86
Pfannkuchen (Eierkuchen) Seite 148
Pfirsich-Quark-Speise Seite 146
Pikant-fruchtiger Eisbergsalat Seite 46
Pikante Fischrouladen in Tomatensauce Seite 122
Pochierte Eier Seite 62
Puten-Champignon-Gulasch Seite 128
Quarkauflauf mit Äpfeln Seite 144
Ratgeber Seite 8
Ravioli-Käse-Auflauf Seite 74
Reis, gedünsteter Seite 94
Reistopf, Bologneser Seite 138
Rindfleischbrühe Seite 18
Rindfleischbrühe mit Gemüseeinlage Seite 18

S/T/U
Salat, grüner Seite 42
Salzkartoffeln Seite 86
Schupfnudeln mit Gemüse Seite 76
Schupfnudeln mit Sauerkraut Seite 76
Schweinebraten mit Kräuter-Senf-Hülle Seite 140
Seelachsfilet, gebratenes Seite 172
Spaghetti Seite 96
Spaghetti Bolognese Seite 96
Spaghetti mit Tomatensauce Seite 96
Spaghetti-Salat Seite 48
Spätzle Seite 97
Steckrübensuppe mit Salami Seite 30
Tomatenreis Seite 94
Tomatensalat Seite 39
Tomatensuppe Seite 16
Tomatensuppe mit Mozzarella-Klößchen Seite 16
Tortellini-Salat Seite 34
Überbackene Erbsen-Püree-Kartoffeln Seite 98
Überbackene Nudelspieße Seite 100

V/W/Z
Verhülltes Fischfilet Seite 114
Wackelpeter, fruchtiger Seite 150
Warmer Kartoffelsalat Seite 91
Weißkohl-Mett-Lasagne Seite 84
Wirsingeintopf mit grünen Bohnen Seite 22
Wirsingtopf mit Mettenden Seite 22
Wurst-Käse-Salat Seite 36
Wurstsalat „Zigeuner Art" Seite 36
Zucchini-Porree-Tarte Seite 56

Für Fragen, Vorschläge oder Anregungen steht Ihnen der Verbraucherservice der Dr. Oetker Versuchsküche
Telefon: 0 08 00 71 72 73 74 Mo.–Fr. 8:00–18:00 Uhr, Sa. 9:00–15:00 Uhr (gebührenfrei in Deutschland)
oder die Mitarbeiter des Dr. Oetker Verlages
Telefon: +49 (0) 521 520645 Mo.–Fr. 9:00–15:00 Uhr zur Verfügung.
Schreiben Sie uns: Dr. Oetker Verlag KG, Am Bach 11, 33602 Bielefeld oder besuchen Sie uns im Internet unter www.oetker-verlag.de oder www.oetker.de.

Umwelthinweis — Dieses Buch und der Einband wurden auf chlorfrei gebleichtem Papier gedruckt. Die Einschrumpffolie – zum Schutz vor Verschmutzung – ist aus umweltfreundlichem und recyclingfähigem PE-Material.

Redaktion — Andrea Gloß

Innenfotos — Walter Cimbal, Hamburg (S. 21, 87, 97, 151)
Thomas Diercks (Fotostudio Diercks), Hamburg (S. 14, 17, 26–33, 45, 53–55, 63, 67, 73, 75, 79, 89, 101, 105, 107, 111, 119, 125, 127, 131, 133, 143, 149, 152, 153)
Ulli Hartman, Halle/Westf. (S. 81, 109, 137, 139)
Christiane Krüger (Fotostudio Diercks), Hamburg (S. 57, 103, 106)
Antje Plewinski, Berlin (S. 4–15, 19, 25, 35, 37–43, 47–51, 57, 59, 61, 77, 83, 86, 90–95, 99, 104, 113–117, 121, 123, 129, 135, 141,145, 147)
Hans-Joachim Schmidt, Hamburg (S. 23, 71, 85)
Axel Struwe, Bielefeld (S. 65)

Foodstyling — Anke Rabeler, Berlin
Rezeptberatung — Annette Elges, Bielefeld

Nährwertberechnungen — Nutri Service, Hennef

Grafisches Konzept und Gestaltung — kontur:design, Bielefeld
Titelgestaltung — kontur:design, Bielefeld

Satz — Typografika, Bielefeld
Reproduktionen — Longo AG, Bozen, Italien
Druck und Bindung — Firmengruppe APPL, aprinta druck, Wemding

ISBN 978-3-7670-0988-2